그냥

최원현 수필집

그냥

2015년 7월 15일 초판 1쇄 발행
2015년 12월 10일 초판 2쇄 발행

지은이 최원현 | 펴낸이 김은영 | 펴낸곳 북 나비
출판신고 2007년 11월 19일 제380-2007-00056호
주소 143-835 서울시 광진구 자양로23길 65 (구의동, 1층)
전화 (02)903-7404, 팩스 02-6280-7442
booknavi@hanmail.net
www.booknavi.co.kr

ISBN 978-89-993682-83-0 03810
값 14,000원

이 도서의 국립중앙도서관 출판예정도서목록(CIP)은
서지정보유통지원시스템 홈페이지(http://seoji.nl.go.kr)와
국가자료공동목록시스템(http://www.nl.go.kr/kolisnet)에서 이용하실 수 있습니다.
(CIP제어번호 : CIP2015017749)

그냥

최원현 수필집

북나비

또 그냥

손톱을 깎을 때가 지났다. 조금만 손톱이 길어도 그냥 놔두질 못하는 성격인데 어제, 그제 계속 깎아야지, 깎아야지 하면서도 못 했다. 불편도 하지만 몹시 신경이 쓰인다. 오늘은 만사 재치고 손톱부터 깎아야겠다. 그런데 깎을 때는 분명 모양 예쁘고 가지런하게 잘 깎았는데 이렇게 다시 깎아야 할 때가 되어서 보면 늘 그렇지가 않다. 예쁜 초승달 같아야 할 모양도 그렇지 못하고 깎인 선은 들쑥날쑥이다.

어쩌면 내 수필들도 이렇지 않았을까 싶다. 분명 퇴고할 때는 모가 난 곳 없이 가장 예쁘게 한다 했을 텐데 발표된 지면에서 다시 읽게 되면 영락없이 지금의 내 손톱 같았다. 어찌 문학만이었으랴. 내 삶도 그랬을 수 있다.

삶과 문학을 함께 돌아본다. 의미화와 형상화가 제대로 되지 못한 설익은 모습으로 독자와 만났을 내 삶과 글들을 생각하면 깎지 못해 길어져 있는 내 손톱처럼 감추고 싶다. 갈수록 그런 두려움이 더 커진다.

수필은 인생의 표현이라고 했다. 하면 수필이 무엇인가라는 물음은 곧 인생이 무엇인가라는 물음이 된다. 왜 수필을 써야 하느냐고 묻는다면 왜 사느냐일 수 있다. 그래서 수필 한 편을 빚어내는 일은 내 인생의 한 장을 이루는 일일지니 곧 인생의 모습이요, 생명의 진실이요, 나와 세계를 잇는 가장 진실한 의미화의 작업인 것이다.

의미화란 대상을 사랑의 눈으로 바라봄으로써 자기화하는 개성적 눈이요 마음이다. 그래서 수필에선 그 사람의 품品과 격格이 나타난다. 해서 독자에게 보일 때마다 두렵고 부끄럽다.

청탁에 쫓기며 숙제하듯 써내었던 글들이 몇 년 사이 2백 편도 넘게 쌓여있다. 이미 내 이름으로 낸 책이 열네 권이나 되는데 더 책으로 펴낸다는 것에 회의가 일면서 조심스럽고 두려운 마음에 내버려둔 것이다. 그러나 권유도 있고 하여 그 중 몇 편을 묶기로 했다. 그 또한 독자에 대한 의무요 예의도 될 것 같아서다. 그럼에도 마음은 잘 자라는 나무만 베어낸 것은 아닐까 걱정된다.

이번 제목은 '그냥'이다. '그냥'이란 변화 없이 그대로, 그 모양으로 줄곧, 아무런 조건이나 의미 없는 등의 뜻을 가진 부사다. 부정도 되고 긍정도 될 수 있다. 좋다도 되고 아니다도 되고, 바꿔도 좋지만 계속 놔둬도 괜찮다는 뜻으로도 사용된다.

요즘 세상은 목소리 큰 사람이 다 옳은 것 같다. 그러나 대다수 사람은 목소리를 내지 않을 뿐이다. 꼭 말을 해야만 알아듣는 것이 아니다. 소통은 자연스러운 통합이다. 교감이 먼저다. 공감은 눈으로 가슴으로 먼저 통한다. 그런 교감으로 공감으로 소통으로 이번 《그냥》을 내보낸다.

문학은 나를 바라보게 하는 거울이었다. 그 거울을 '함께 보기'로 내놓는 것이다. 수필과 함께 살아온 30년의 삶 속에서 다 보여 버린 내 모습을 생각하면 그저 부끄러움이지만 그럼에도 또 한 번 용기를 낸다.

나는 기적의 사람이다. 어린 날 '이거 좀 먹어라, 먹어봐라' 권해준 엄마도 없이 컸지만 이렇게 잘 자랐으니 기적 중 기적이다. 사랑의 빛이다. 하기야 생명이 있다는 것 자체가 가장 큰 기적이다.

오늘은 더욱 정성을 들여 손톱을 깎아야겠다. 다음번 깎을 때 참 잘 깎았구나 생각이 들게끔 말이다. 요란스럽지 않게 있는 듯 없는 듯 내 자리를 지키고 싶다. 우연히 만난 들꽃이 주는 기쁨처럼 내 글도 그렇게 독자와 만나고 싶다. "잘 지내?" "그냥." 나는 그렇게 '그냥'을 사랑하고 '그냥'으로 살아왔었음을 비로소 고백한다.

2015년 7월

늘샘 최원현

1. 살아있음의 기적

2. 내 맛내기

3. 그래도

4. 어머니의 노래

1. 살아있음의 기적

그날 새벽

나무 이야기

손으로 쓰는 편지

내 생각이 살아나는 곳

사는 기적

첫 새 손님

살아있음의 기적

어깨너머

순대와 피아노

먼저 좋아

나의 문학 나의 직장

그날 새벽

끼기기긱 덜커덩, 가쁜 숨을 몰아쉬며 달려온 기차가 드디어 멈춰 섰다. 순간 사람들은 경주라도 하듯 서둘러 일어나 출구로 향한다. 그러나 통로는 한 명씩만을 받아들이며 사람들을 한 줄로 서게 한다. 나도 그중 하나가 되긴 했지만 할 수만 있다면 좀 더 천천히 나갔으면 좋겠다는 생각이다.

한참 만에 기차에서 벗어났는데 긴 기차만큼이나 길게 사람들의 줄이 이어져 달리고 뛰고 걷고 한다. 하나같이 뭐가 그리도 바쁜지 크고 무거운 짐 보퉁이를 들고서도 잘도 달린다. 그리운 가족들, 사랑하는 사람과 조금이라도 빨리 만나고 싶어서일까. 아니면 지겨울 만큼 길었던 기차여행에서 일 분일 초라도 더 빨리 벗어나고 싶어서일까.

그들에 아랑 곳 않고 되도록 천천히 발길을 옮기는 내 등을 치고 가는 사람, 내 몸에 부딪히며 가는 사람들을 잠시 발을 멈추고 망연히 바라보노라니 갑자기 가슴속이 유리조각에 긁힌 것처럼 쓰리다. 심장은 큰북 치듯 쿵쾅댄다. 밀려드는 불안, 저들과 다른 나라로 가는 것 같은 나, 기차에서 내려 출구를 거쳐 서울역 광장에 이르기까지의 시간조차 순간처럼 느껴졌다.

비로소 하늘을 쳐다봤다. 날이 밝기 전의 이른 새벽, 낯선 하늘 밑에서 더욱 작아져 있는 나를 하늘도 완전히 무시하는 것 같다. 3년 전에 처음 보았던 서울 하늘과도 달랐다. 그땐 그저 기대와 즐거움이었다. 거기다 여름이었다. 오늘은 겨울이고 하늘도 잿빛이다. 별 하나도 보이지 않는다. 내 삶의 전환, 아무것도 확실하지 않은 내 삶으로의 시작이다. 비로소 차가운 바람에 노출된 몸이 움츠러들어 있음을 느낀다. 겨울의 새벽은 아직도 어둠 속에 묻혀 있다.

바지 주머니에서 접힌 종이를 꺼냈다. 내가 가야 할 곳의 주소다. 역에서 나와 왼쪽으로 가면 버스정류장이 있다고 적혀있다. 거기서 버스를 타면 된다고 했다.

갑자기 한기 같은 무서움이 왈칵 몰려왔다. 얼른 하늘을 쳐다봤다. 가로등 불빛 속으로 보이는 새벽하늘이 어제 집을 나섰을 때의 저녁나절 같다. 순간 저만치로 멀어져 가는 할머니의 손 흔드는 모습이 보였다. 점점 멀어져 가며 희미해지는 모습, 나는 분명 그 자리에 서 있는데 내가 가는 것처럼 멀어져 가는 모습이 나를 더욱 안타깝게 했다.

이제부터는 정말 혼자라는 생각이 들었다. 아무도 없는 곳에 버려진 느낌이다. 하늘도 머리 가까이까지 내려앉는 것 같다. 초등학교와 중학교에 다니던 시골의 하늘은 이렇지 않았다. 밤에는 별이 총총하고 낮에는 시리도록 파랗게 맑았다. 그런데 다들 가버린 곳에서 홀로 서 있는 내게 하늘은 지극히 무덤덤 무표정이다. 아는 체도 않는다. 열여섯 머스마가 어떻게든 정을 붙이고 살아가야 할 새 하늘 새 땅인데 말이다.

보퉁이 보퉁이 들고 이고 메고 달리던 사람들은 다 어디로 갔을까. 마중 나온 사람과 하나 되어 가는 사람들을 바라보면서는 새삼 가족이란 저런 거구나 생각을 했다.

광장 가 쪽으로 며칠 전 내렸던 눈을 밀어놓은 눈 더미들이 여기저기 시꺼먼 먼지를 뒤집어쓴 채 상처 딱지처럼 붙어 있다. 그게 마치 서울에서 살아갈 내 모습 같아 보여 왈칵 설움이 몰려들었다. 버스정류장에서 내가 타야 할 번호의 버스를 기다리는 내 눈에도 아주 조금씩 날이 밝아오는 것이 느껴졌다. 불빛 속에 가려졌던 어두움도 열어지는 것이 보였고 비로소 새벽이 느껴졌다. 버스만 타면 내가 맞게 될 새 풍경들이 익숙하고 낯익었던 것들을 놓아버리고 떠나온 길에서 새롭게 맞아야 하는 두려운 생소함으로 나를 압박해 왔다.

외할아버지 외할머니로부터 백부님 숙부님께 그 날 새벽이 그렇게 나를 인계했었다. 어쩔 수 없이 새로운 삶 속에 들여밀어질 나였기에 반가움보다 두려움과 미안함이 더 컸다. 미명을 벗어버린 아침이라도 빨리 왔으면 싶었다.

완전히 날이 밝으려면 얼마나 더 있어야 하는가. 내가 기다리는 버스는 언제쯤 올 것인가. 그렇게 나는 열여섯 겨울을 보내던 한 새벽 서울이라는 삶 터에 덩그마니 올려졌었다. 그 날 나는 내가 타고 가야 할 버스를 네 번이나 보내버린 뒤에야 버스에 올랐다. 그런데도 내가 기다리는 아침은 쉬 오지 않았다. 참 두렵고 긴 미명의 새벽이었다. 그렇게 난 고향을 떠났고 서울이라는 또 다른 고향에 옮겨 심어졌다. 그 날, 45년 전, 그 날 새벽에. 그런데 왜 오늘 갑자기 그 날 새벽이 생각나는 걸까.

나무 이야기

딸아이가 아주 작고 귀여운 화분을 사 왔다. 사람 모습의 손잡이가 붙어있는 두 개의 토기 화분인데 거기엔 또 앙증스런 식물이 심겨 있었다. 딸애는 아빠와 엄마를 닮은 모습의 화분이라 했다.

오늘은 아내와 나의 결혼기념일이다. 어느덧 40여 년의 세월을 살아버렸지만 그 날을 두 아이의 엄마가 된 딸애가 축하한다고 하니 조금은 멋쩍기도 하고 한 편은 세월을 인정해야겠다는 생각도 든다.

결혼식을 마치고 우린 외할아버지 장례를 지내러 떠났었다. 신혼여행이 오일장 장례식이었다. 외손자인 나를 위해 온갖 어려움을 감내하며 사랑을 주고 가신 할아버지와 할머니를 생각하면 그저 죄스럽고 가슴은 쓰릴 만큼 아팠다.

교회에서 결혼식이 막 끝났는데 전보가 날아들었다. 손님 접대도 못 하고 부랴부랴 새벽차로 올라오셨던 이모님들을 모시고 먼 길을 달려 장례식장으로 갔었다. 결혼기념일은 외할아버지 기일이기도 하다.

딸아이는 편지를 잘 쓴다. 말보다도 편지로 생각을 잘 전한다. 딸은 이번에도 편지와 함께 작은 화분을 선물했다.

사랑하는 아빠 엄마! 나무를 심는 식목일에 결혼하셔서인지 두 분이 심은 나무들이 많이 자랐네요. 사랑의 나무, 기쁨의 나무, 보람의 나무, 감사의 나무들이 자라 가족이라는 가장 소중하고 훌륭한 숲이 이루어졌네요. 그 숲에 사는 저희는 행복하고 감사해요. 사랑해요!

그리고 화분의 설명으로 "두 분을 닮은 작은 화분을 샀어요. 엄마 화분의 식물은 '홀리오', 아빠 화분의 식물은 '호야'래요. 일주일에 한 번 정도만 물 듬뿍 주면 잘 자란대요."

나도 이 식물을 본 적이 있지만, 그 이름이 '홀리오'이고 '호야'인지는 몰랐었다. 보니 아닌 게 아니라 특별히 손이 많이 가지 않아도 잘 자랄 것 같다. 그러고 보면 이 식물처럼 아이들도 큰 보살핌 없이도 잘 자라주었던 것 같다.

미국의 아들은 2월이 생일이고 며늘아기는 4월이 생일이고 손녀는 5월이 생일이다. 이번에 임신을 하여 손녀는 동생이 생긴다고 아주 좋아한단다. 딸네는 딸만 둘인데 딸은 3월이 생일이고 사위는 9월인데 손녀는 1월과 7월에 생일이 있다. 녀석들은 저희는 둘이 노는데 미국의 예봄이는 왜 혼자서만 노느냐고 묻곤 했는데 이제 저들도 둘이 되면 둘이 놀 수 있게 되었다. 딸아이 말대로 엄마와 아빠라는 나무에서 저와 동생이 그리고 다시 네 명의 손주가 태어났으니 제법 숲이 된 것 같다.

사람이란 나무는 특히 계절을 잘 타는 것 같다. 그 계절에 결실을 잘해야 숲을 이룰 수 있다. 척박한 땅에서도 잘 자라준 사랑하는 내 나무들이 너무나도 고맙다. 그들을 보면서 늘 자책감에 사로잡히기도 했다. 없는 살림에 제대로 먹이지도 입히지도 못해 가슴 아픈 때가 한두 번이 아니었다. 그럼에도 이만큼 잘 자라주고 저희 몫을 제대로 해주는 것을 보면 씨앗을 뿌리기는 사람이 해도 자라게 하는 이는 신이라는 말을 실감케 한다.

지난가을에도 그런 생각을 했었다. 고구마를 심었는데 하필 37도라는 무더운 날씨, 꼬챙이로 땅에 구멍을 몇 개 뚫었을 뿐인데 손에 온통 물집이 잡히던 단단한 땅에 작은 틈을 내고 그 여린 고구마 순을 꽂아두었었다. 개중엔 몇은 말라죽어 더 사다 꽂아주긴 했으나 대부분이 도저히 살 수 없을 것 같은 상황에서도 살아남아 땅속 열매를 맺었다. 아무 돌봄도 없다가 가을에 땅을 팠을 때 튼실한 고구마들이 올라오는 걸 보며 얼마나 미안했던지 차마 그걸 손에 쥘 수가 없었다. 식물을 심고 사람이 태어나도 결국 내 손보단 햇빛과 비와 바람과 적당한 기온이 그들을 살렸고 자라게 했고 열매를 맺게 했던 것이다.

새삼 결혼기념일이라며 딸아이가 선물해 준 화분과 식물과 편지는 가정이라는 숲에서 자라 오른 나무들이 무한한 은혜와 사랑의 산물임을 확인하는 일이게도 했다.

조실부모하여 너무 일찍 돌아가신 부모님, 어쩌다 바람에 날려와 땅에 뿌리를 나게 한 작은 씨앗 같은 내가 이만한 작은 숲을 이루었다니 얼마나 감사한 일인가.

식물 사전을 찾아보니 꽃이 예쁘게 피어있다. 특히 아빠의 식물이라는 호야는 별 모양의 꽃 속에 또 작은 별 모양의 꽃잎을 달고 있다. 별꽃이다. 아이의 바람처럼 우리 가정이 더욱 큰 숲을 이루었으면 싶다. 어쩌면 올해에 딸아이도 세 번째 아이를 가질지 모르겠다. 그러면 나도 금방 손주 부자 할아버지가 된다. 다섯이나 되는 아이들 숲 속에 묻혀 살게 될 것 아닌가.

미국에 있는 손녀는 화상통화로 할아버지를 부른다. 집 가까이 사는 딸네 두 아이는 집에 오면 완전히 나를 저희 놀이터로 생각한다. 올라타고 미끄럼을 타고 깔고 앉고 그러다 싫증이 나면 언제 그랬느냐는 듯 저희끼리만 논다. 그러나 아이들이 있어 누리는 이 호사가 나는 그냥 좋기만 하다. 같이 있을 땐 힘들고 귀찮기도 하지만 가겠다고 문으로 나가면 엄마를 떨어지는 아이의 마음 마냥 왠지 서글퍼진다. 아이들은 매정하게도 아무렇지도 않게 빠이빠이를 하고 제 아빠와 엄마에게 하나씩 달라붙어 떠나간다.

오늘은 그래도 아이들과 함께 저녁 식사를 했다. 제 아빠는 시간이 안 되어 저희 셋과 우리 부부 다섯이 맛있는 음식을 사 먹었다. 그렇게 헤어졌는데도 왠지 허전하다. 그래도 지금은 이렇게 딸아이가 선물한 예쁜 화분이라도 있다. 하나는 남자이고 하나는 여자 모습의 토기 화분과 거기 심어진 식물을 보며 아쉬움을 달랜다.

그렇고 보니 딸아이 말처럼 나무를 심는 식목일에 결혼해서 이만한가. 사실 그 날은 청명과 한식도 겹친 식목일이었다. 그래 건강한 나무로 살다가 아이들에게도 늘 든든한 모습으로 남아있어야겠다.

'두 분이 심은 나무들이 많이 자랐네요.' 하는 딸아이의 말이 새롭다. 그러나 아이의 말처럼 과연 얼마나 우리 부부가 그들에게 사랑의 나무· 기쁨의 나무 · 보람의 나무 · 감사의 나무가 되었을까 생각하니 두렵고 부끄럽다. 나무는 나무로의 존재감과 역할이 있는 법인데 얼마나 그걸 감당했을까. 얼마나 나다운 나무가 되었을까.

손으로 쓰는 편지

편지를 쓴다. 귀한 책을 보내주신 분들에 대한 감사 편지다. 요즘은 이것이 월례 행사가 된 것 같다. 한 주에도 몇 권씩 받게 되는 창작집들, 받으면 바로 읽고 축하의 글을 보내기도 하지만 그게 잘 안 된다. 우선 받은 책을 읽어야 하는데 그걸 바로 할 수 없기 때문이다. 틈나는 대로 읽고, 감사 편지를 쓰는 것은 특별히 한 날을 빼내 할 수밖에 없다.

한 권의 책을 내기까지의 어려움을 너무나 잘 알고 있는 처지에서 그걸 편히 앉아 받아 읽는다는 것만도 송구스러운 일이 아닌가. 책이 출간되었다는 소식을 접하면 서점으로 달려가 사서 읽고 축하를 해야 할 일이건만 그걸 못 하고 사는 게 현실이다.

얼마 전 이사하여 짐을 정리하다 보니 그동안 모아두었던 편지들이 나왔다. 내 책을 받아 읽고 쓴 축하의 글이 대부분인데 엽서도 있고, 축하 휘호도 있다. 친히 먹을 갈고 붓을 들었을 그분들의 마음과 봉투를 쓰고 우표를 붙여 보내는 따뜻한 마음과 정성들이 편지 하나하나에서 전해져 온다. 모두가 나보다 한참이나 연세가 많으신 어르신들이라는 점에서 더욱 소중하고 한편은 죄송하고 부끄럽기도 하다.

사실 요즘 젊은 문인들은 이런 부분에 참 약하다. 몰라서인지, 아니면 문명의 이기에 너무 편중되어 그런 건지 알 수 없지만 전화 한 통보다는 엽서 한 장이 낫고, 엽서 한 장보단 봉함 편지 한 장이 더욱 정성스럽게 마음을 전하는 것이 되지 않겠는가.

나는 몇 분의 원로 문인들을 통해 참으로 큰 가르침을 받았었다. 그냥 책 보내줘서 고맙다고 전화 한 통 주셨어도 감사할만 한 일이건만 몇 장씩 되는 장문의 편지로 작품에 대한 평까지 보내주신 것을 보면서 얼마나 감동했는지 모른다. 그 중에도 특히 잊히지 않는 분이 있다. 모헌慕軒 박규환 선생님이시다. 1995년 《날마다 좋은 날》이란 수필집을 문예진흥원 창작지원금을 받아 출간했는데 문단 어른 몇 분께 보내드렸었다. 그때 모헌 선생님께선 장문의 독후감을 겸한 축하 편지를 보내주셨다. 그리고는 바로 얼마 후 수필집을 내시자 그걸 잊지 않으시고 책을 보내주시면서 내 책 얘기로 인사말을 곁들이셨다. 10년이 지나 수필집 한 권을 다시 보내드렸다. 그런데 그때는 병석에 계셔서 편지를 쓰실 수도 없는 상태셨다.

퇴근해서 오니 전화 메모가 되어 있었다. 그러나 너무 늦은 시간이라 전화를 드릴 수가 없었다. 그런데 다음 날 퇴근하니 또 전화를 하셨더라는 것이다. 그 날도 역시 밤 11시가 넘은 시간이라 전화를 드릴 수가 없었다. 다음 날 조금 일찍 집에 들어올 수 있어서 오늘은 내가 전화를 드려야지 하고 있는데 선생님의 전화가 또 왔다. 너무나 죄송했지만 반가웠다. 문인이 책을 받았으면 최소한 엽서로라도 받았다는 몇 마디를 해야 하는 게 예의인데 병석에 누워 글을 쓸 수 없으니 너무 예의가 아니다. 해서 직접 통화라도 하려고 전화를 했더니 연결이 되지 않아 내 마음을 전해 달라 했지만, 그 또한 마음이 불편하여 이렇게 직접 통화라도 하고 싶어 다시 전화하셨다는 것이다. 일어나지도 못하고 누워서 하는 전화이니 이 점도 이해해 주었으면 좋겠다고 하셨다.

나도 모르게 눈물이 흘러나왔다. 이분들은 이렇게까지 우리를 사랑하시는데 우리는 어찌했단 말인가. 한 권의 책을 받는 마음이 이러니 한 편 한 편 작품을 만들어 가시는 마음이야 오죽 정성이었겠는가. 그러니 그 마음이 독자에게 전해지는 것이고 공감이고 감동이지 않겠는가.

선생님은 가셨다. 그러나 지금도 선생님께서 한 자 한 자 정성 들여 써 보내주신 축하의 글월과 마음, 글을 쓸 수 없어 전화라도 한다고 병석에서도 세 번이나 전화를 주셨던 그 마음, 그 음성은 내가 살아있는 내내 결코 어길 수 없는 가르침이 되고 있다.

나는 솔직하게 모헌 선생님처럼 그렇게는 하지 못한다. 그러나 가능한 한 받은 책에 대해서는 친필 편지를 보내는 것을 원칙으로 하고 있다. 어쩔 땐 너무 힘들어 포기하고 싶을 때도 있지만 빠뜨리지 않으려고 무던 애를 쓴다. 그래도 너무 가깝기에 오히려 챙기지 못하거나 본의 아니게 빠지는 것도 있다.

편지란 마음이다. 정성이다. 사랑이다. 그리고 존경이다. 무엇으로도 비교할 수 없는 가장 정중하고 큰 표현이다. 내겐 그런 소중한 마음과 사랑이 깃든 선생님들, 선배들, 문단 동료들의 편지가 꽤 된다. 한참 전엔 그것들을 정리해 보고자 봉투를 펼치고 내용도 펼쳐 사본을 만들었었다. 금방 두꺼운 책 한 권 분량이 되었다. 너무 많아 다는 하지 못했는데 이제 시간을 내어 다시 그 작업을 할 것이다.

육필肉筆이 사라지고 있다. 문인이라면 가급적 글로 축하하고 답을 하는 게 바람직하지 않을까. 그걸 지켜가려 애쓰는 내 마음속에는 내가 받은 편지의 감격과 감사가 지금까지도 남아있기 때문이다. 어쩌다 마음이 울적해지고 글이 써지지 않을 때 나는 버릇처럼 편지 상자를 열어 그것들을 읽곤 한다. 그런데 이번에 보니 벌써 이 세상에 아니 계신 분들도 여러 분이다. 만날 수 없는 분들을 그나마 그분들의 필적으로라도 만난다는 것은 그나마 다행이고 내겐 큰 축복이다. 그래서 나는 오늘도 한 권 한 권 책을 펼쳐 읽으면서 편지를 쓴다. 그분들이 내 이름을 써서 보내준 아름다운 마음의 선물에 감사하며 그분들의 문학세계에 빠져보는 시간이기도 하다.

내 손수 펜을 들어 쓰는 몇 자의 편지 속에는 문학사랑 마음과 책을 펴내기까지 힘들고 어려웠을 것들에 대한 위로와 그런 어려움을 이겨내고 출간을 한 장함에 대한 축하에 나를 기억하고 보내준 데 대한 감사와 사랑이 담기기 마련이다. 그래서 작품은 편리를 따라 컴퓨터를 이용한다 하지만 마음을 전하는 데만이라도 육필을 고집하고픈 내가 시대에 뒤떨어진 것일까. 그러나 내가 받은 증정본도 육필로 내 이름이 새겨있어야 선뜻 펜이 들리는 것을 어쩌랴.

과학문명은 사람들을 편리하게 하여 주는 것이지만 그 편리함이라는 것이 때론 지극히 인간적일 수 있는 것들을 매몰

시켜 버린다는 것을 우린 잊고 있다. 이 편지를 다 쓴 다음엔 오랫동안 만나지 못한 친구에게도 편지를 써야겠다. 인쇄 편지나 이메일만 받다가 내가 직접 써서 보낸 편지를 받고 봉투를 뜯고 그 속에서 나온 편지를 신기한 양 만져보며 읽어갈 녀석의 모습이 눈앞에 그려져 나도 몰래 입가에 미소가 어린다.

내 생각이 살아나는 곳

내 이름으로 열세 권이나 책을 냈지만 내 집필공간에 대해선 늘 불안하다. 그곳에만 들면 마음이 안정되고 머리가 맑아지고 손이 가벼워지면서 글이 슬슬 풀려 나오는 그런 곳이 없을까.

좁은 집에 살 때도 조금 넓은 집에 살 때도 여전히 아무데서고 책은 밝힌다. 편한 자세로 베개 하나 가슴에 받치고 배 쭉 깔고 엎드려 펜을 잡거나 책상 놔두고 작은 밥상 하나 끌어다 놓고 그 위에서 글을 쓰는 나다. 그러고 보니 내게 집필공간이란 별 의미가 없는 것 같다. 소파에 누워 발을 하늘로 향한 채 펜을 들기도 하고 바닥에서 소파에 발을 걸치고 누운 채 글을 쓰기도 하는 나를 누가 본다면 정서적으로 불안한 것 아니냐 할지도 모르겠다.

글을 쓰다 보면 머리가 맑아지지 않고 눈알이 빠질 듯 아플 때도 있다. 그런 때는 수면 안대를 하고 눈을 감고 잠을 청한다. 그런데 잠은 들 수가 없다. 세상의 온갖 소리란 소리가 두 귀로 집중된다. 이런 때는 대개 원고마감 날짜가 임박한 때다. 그것도 두세 개 원고가 마감 하루 이틀을 앞두고 있을 때요, 강의도 계속 걸려있기 마련이다. 그러니 이런 모든 것을 다 말끔히 정리해 줄 수 있는 내 집필공간이야말로 꿈의 공간이 아닐 수 없다.

어느 날부터인가 내 방은 정말 정신없다. 오늘 온 책 우편물이 봉투가 벗겨져 널려 있고 보다 만 책들이 되는 대로 흩어져 있다. 정리를 해도 다음 날이면 다시 그 상태가 되어버린다. 거실의 탁자 위에도 쓰던 원고며 보던 책이 정신없다. 누가 집에 올까 무섭다.

지금보다 좁은 집에 살 때는 내 공간을 갖길 간절히 원했었다. 그런데 넓어져도 매양 한 가지다. 공간의 문제가 아니라 그만큼 집필에 대한 스트레스일 게다. 월말이면 고정 연재가 있으니 최소한 3~5개의 원고가 날짜를 압박한다. 내 성격은 어떻게든 마감 날까지는 전송을 원칙으로 한다. 그래서 자정이 되기 전 11시 59분에 전송할 때도 있다. 마감 날에 두세 개가 함께 목을 조일 때도 있다. 그러니 늘 안절부절못하고,

그렇게 마음이 쫓기니 좋은 글이 나올 수도 없다. 그런데 가장 효율적으로 시간이 활용되는 공간이 있다. 바로 전철 안이다. 행선지가 멀면 더 좋다. 일단 자리만 확보하면 그곳은 내 집필 공간이 된다. 집에서는 조용해도 온갖 세미한 소리까지 다 들려오는데 시끄러운 곳이라는 전제가 되어서인지 별로 신경이 거슬리지 않는다.

내 가방 속엔 언제든 꺼내 계속할 수 있게 작업 중이던 모든 자료가 다 들어있다. 꺼내서 버릇처럼 뒤적이다가 이것이다 싶으면 그걸로 시작한다. 잘 잡히지 않으면 가방에 도로 집어넣고 눈을 감는다. 그러다가 생각나면 꺼내 손을 보던 곳에서 다시 이어간다.

퇴고를 화장실 변기에 앉아 할 때도 있다. 가장 완벽한 나만의 공간이다. 소파에 누워 퇴고할 때도 있다. 가장 편한 자세로 누워 남의 것인 양 무심히 읽어보며 마무리한다. 그러고 보면 나의 집필 공간은 장소적 개념이 아니라 내 생각이 살아나는 곳이다. 그래서 지하철 안이 내 집필공간이 되기도 하는 것이다.

세상과 만나는 시간, 나와 상관없을 것 같은 사람들과 지극히 무관심하게 바라보는 나의 눈에 들어오는 그들의 작은 행동 하나하나가 내 사유와 만나고 그렇게 그들은 내 글쓰기를 돕는다.

글을 쓰는 사람치고 집필공간에 욕심을 내지 않는 이는 없을 것이다. 집필실만 있으면 좋은 글이 막 쏟아질 것 같다고 생각을 한다. 크고 넓은 방 한가운데 집필용 탁자 하나가 놓여있고 거기 책 몇 권이 올려져 있고 원고지와 펜이 준비되어 있는 곳, 그 옆에 차 종지와 찻잔이 놓여있는 그런 집필공간을 욕심내지 않는 건 아니다. 그래서 시골에 서재와 집필실을 갖춘 작은 공간을 마련할까도 생각했었다. 그러나 나는 부대끼며 살아야 사람 냄새도 맡고 사람 소리도 들을 것 같다. 그래야 내 글에서도 사람 냄새가 나고 사람 소리가 들릴 것 같다. 너무 맑은 물에는 여러 종류의 고기가 못 산다. 그렇게 맑은 곳에서 사는 고기는 한정되어 있다. 나는 그런 맑은 고기는 못 될 테니 그런 곳은 적합지 못할 수도 있다.

나는 지금도 거실의 소파에 내 멋대로 누워 글을 쓰고 있다. 막힌 방 안에 들어가면 답답해지기 때문이다. 물론 내 방에서 글을 쓸 때가 가장 많다. 컴퓨터를 써야 하기 때문에 더욱 그렇다. 그러나 이렇게 펜으로 초고를 쓸 때는 거실 소파에 누워 쓸 때도 좋고, 안방에서 베개를 배에 깔고 엎드려 쓸 때도 좋다. 거실 탁자에 앉아 쓰기도 하고, 작은 상을 가져다 놓고 그 위에서 쓸 때도 좋다. 어디면 어떻고 어떻게 쓰면 어

떤가 좋은 글만 나올 수 있다면 무엇을 가리랴.

오늘따라 시계 소리가 몹시 거슬린다. 초침소리가 내 뇌를 일정한 간격으로 때리고 있다. 왼쪽 귀로 들어온 소리가 오른쪽 귀로 나가면서 내 뇌 신경들을 모두 건드리는 것 같다. 그것들은 내 사고력을 분산시키고 마음의 안정을 깨트린다. 그럼에도 나는 이곳을 떠나지 못하고 펜을 움직이고 있다. 시간이 급하기 때문이다. 이 시간 내 집필공간은 이곳이기 때문이다.

모든 시인에게 고요한 작은 꿈이 있다
그것은 자신의 집필실을 갖는 것이다
멋들어진 '한자 현판'도 달고
여인과 차 한 하는 그런 아름다운 집필실
그러나 나의 집필실은
들판이다 풀 위이다 길 위이다
내가 서 있는 곳이다 꽃 지고 새 우는
산속의 계곡이다
내가 앉아 있는 바위다
내가 걷고 있는 오솔길이다
나의 집필실은 내 마음속에 내가 앉아 있는 것이다
아 나 앉아 있는 곳은
나 서 있는 곳은
매화꽃 피고 새 우는 곳
그곳에 비밀스러운 나의 집필실을 갖는 것이다
그리고 조용히 한 여자가 찾아오는 곳이다

—진남용의 시 <나의 집필실> 전문

어디 시인뿐이랴. 비밀스러운 나만의 집필실, 누구나 갖고 싶을 것이다. 그러나 내 방 정신없이 흩어져 있는 책들 속 컴퓨터에서 글쓰기 작업이 이뤄지고 프린터에서 작업결과가 찍혀 나온다. 2미터도 안 되는 거리의 바로 옆방이 내 서고다.

겨우 몸 하나 빠져나갈 틈새에 주저앉아 책 냄새를 맡으며 생각을 정리하기도 한다.

그러고 보니 내 방과 거실, 안방과 소파 위, 그리고 전철 안, 내 글쓰기의 낚싯대가 내려지는 곳, 나는 그렇게 필요에 따라 작업실을 만들고 있었다. 아니다. 흔들리는 나침반 같은 내 마음이 북과 남을 가리키며 안정을 찾을 수 있는 곳 그곳이 내 집필실이었다. 나는 그렇게 내 생각이 살아날 수 있는 곳을 찾아내 집필실을 만든다.

사는 기적

책 두 권을 샀다. 그까짓 책 두 권을 산 게 뭐 대단한 일이겠냐 할지 모른다. 더구나 요즘에는 스마트 폰으로도 책을 읽을 수 있는 데다 하루에도 수백 종의 책이 출간되고 있는데 어떤 책인데 그 요란이냐고도 할 수 있다. 그러나 나는 두 권의 책을 앞에 놓고 행여 만지다 부서지기라도 할 듯 조심스럽게 책을 펼친다. 빛이 바랬다기보다는 누런빛이 더해진 책에선 오래된 것에서 나는 특유의 냄새가 났다.

60년 전에 출간된 책이다. 하나는 최초의 대학교수 수필집인 《서재여적》이고, 다른 하나는 《한하운 시전집》이다. 특별히 고서 수집에 취미가 있거나 열정을 갖고 있는 건 아니지만 오래된 책에서 느껴지는 고고함과 향수에 옛날 책을 보면 갖고 싶은 욕심이 일어나곤 한다.

늙는 것과 낡은 것은 같다 할 수 없다. 내가 구입한 헌책은 낡은 것이지만 장인 장모님은 늙으셨다. 낡은 것에선 낡은 냄새가 나고 늙음에선 늙은 냄새가 난다. 낡은 냄새는 물건 냄새고 늙은 냄새는 사람 냄새다. 그런데 낡은 것에서 느껴지는 안타까운 소중함과 늙음에서 느껴지는 소중함은 같은 것 같다.

이번의 책 두 권은 아주 우연히 내 것이 되었다. 《서재여적書齋餘滴》은 내가 쓰는 연재 글에 필요하여 내용을 보고자 하다가 어렵사리 구하게 된 것이고, 한하운 시집은 그 《서재여적》을 구하는 과정에서 함께 얻게 된 것이다. 나는 오래된 책을 관리하고 보관하는 방법도 잘 모른다. 그러니 훼손된 부분을 보완하거나 오래 보존할 수 있도록 손을 보는 것 같은 일은 더더욱 모른다. 나름대로 비닐 커버를 씌워 보존하고는 있지만, 표지는 그렇더라도 속지는 한 번 펼칠 때마다 조심스럽기 그지없다.

요즘 세상의 좋은 것 귀한 것이란 주로 아름답고 화려한 것을 든다. 낡고 보잘것없는 것들엔 눈길조차 주지 않는다. 그러나 나는 너무 오래되어 원래의 빛이나 색을 잃고 낡아버린 것을 보면 더없이 소중하단 생각을 떨쳐버리지 못한다. 사람의 생명처럼 한 번 없어져 버리면 다시는 구할 수 없는 것들이기 때문이다. 다시는 볼 수 없다는데 어찌 귀하지 않은가. 내가 구한 이 책도 세상에 몇 권이나 남아있을지 궁금하다. 귀하게 보지 않는다면 휴지로도 못 쓸 물건이다. 수필집은 책 모서리가 찢겨나가 버렸고 시집은 아예 표지가 없다. 원형대로 보존된 것을 구하지 못한 아쉬움이나 안타까움보다 찢겨져 버린 부분, 없어져 버린 표지가 아쉽고 안타까운 것이다. 그래도 이만큼이나마 남아있다는 것이 감사하다.

시골에 계신 장인어르신이 대학병원에 입원하셨다. 여든일곱이시니 오래 사셨다 할 수 있다. 그러나 늘 건강하셔서 별로 연세를 의식하지 않았었다. 몇 년 전에 한 번 많이 아프셔서 병원에 입원하셨지만, 그 후론 또 건강하게 사셨다. 그런데 이번에도 그때와 같은 증상으로 입원하셨다. 장인어른보다 건강치 못한 장모님도 따라오셨다. 병상 옆에 자리를 잡고 밤낮을 지키신다. 가까이 사는 작은 아들네나 우리 집에 계시면서 왔다 갔다 하시면 좋을 텐데 그러려면 뭐하러 따라왔겠느냐며 남편 곁을 떠나지 않으신다. 그러고 보니 올해가 회혼의 해가 되신다. 61년을 동고동락 함께 사신 것이다.

늙는 것과 낡은 것은 같다 할 수 없다. 내가 구입한 헌책은 낡은 것이지만 장인 장모님은 늙으셨다. 낡은 것에선 낡은 냄새가 나고 늙음에선 늙은 냄새가 난다. 낡은 냄새는 물건 냄새고 늙은 냄새는 사람 냄새다. 그런데 낡은 것에서 느껴지는 안타까운 소중함과 늙음에서 느껴지는 소중함은 같은 것 같다. 소중하게 여기고 볼 때만 소중해진다. 장인어른은 장모님이 옆에 계시니 많이 든든하신 것 같다. 우리 눈에는 오히려 짐스럽고 부담이 될 수 있을 것 같은데 평생을 거의 떨어지지 않고 함께 해 온 두 분이어서인지 그렇게라도 같이 있어야 편하고 안정감이 느껴지는 것 같다. 내 생각이지만 아마 퇴원하시면 몇 년은 두 분이 또 별 탈 없이 잘 지내실 것 같다.

조금 무리해서 지치신 것도 있겠지만, 몸 상태가 전만 못해지자 늙어감에 대한 불안으로 더럭 겁이 나셨을 수도 있다. 힘이 빠지고 몸이 졸아들고 의욕도 없어지는 현상을 생명 상태의 점검기회로 삼으셔서 빠져나간 기운을 보충하심으로 다시 평상을 회복하시는 것 같다. 마치 내가 구한 오래된 책들을 잘 보존하기 위해 비닐 표지로 싸고 더 낡고 헤지지 않도록 손을 보는 것처럼 말이다. 위, 대장, 소장 특별히 문제 되는 곳은 없단다. 연로하시다 보니 가끔씩 아픈 증상에 따라 드신 약이 영향력을 미쳐 일시적으로 그런 것이 아닌가 싶단다. 그렇고 보면 삶도 건사요 책도 건사하는 것이 아닐까.

전혀 다른 환경과 성격의 둘이 만나 부부로 산다는 것은 사실 기적이다. 맞지 않는 부분이 더 많았을 것이다. 그러나 그것을 서로 맞춰가며 더러는 그 맞지 않는 것까지 아름다움으로 보며 사랑하고 좋아하기도 했으리라. 하지만 세월이 가면 몸뿐 아니라 마음도 헤지기 마련이다. 너무 가깝고 허물없음이 때로는 존경과 사랑을 무디게 해 버렸을 수도 있다. 그러려니 하고 살아온 세월은 얼마며, 그럼에도 참은 건 또 얼마겠는가. 그래서 부부간의 정은 미운 정 반에 고운 정 반이면 최상의 부부라 했는지도 모른다. 그러니 만난 것도 기적이고 그 오랜 세월을 아옹다옹하면서도 서로 의지하고 살아온 것도 기적이다. 아니다. 매 순간이 기적이다. 어느 한쪽이 잠시라도 마음이 변해 손을 놓아버려도 금방 혼자가 된다. 살다 보면 좋은 것 예쁜 것보다 싫은 것 미운 것이 더 많이 보일 수도 있다. 그걸 이해하고 수용하고 포기하고 살아온 세월일 것이다. 그렇게 함께해야 비로소 편하고 안심이 되고 사는 것 같을 것이다.

조심스레 책을 펼쳐본다. 책 냄새보다 세월의 냄새가 더 짙게 나는 것 같다. 내가 이 두 권의 책을 구한 것도 그만큼의 인연이요 기적일 수 있다. 그렇다면 오랜 동안의 삶이건 순간의 만남이건 간에 사는 것 모두 다 기적이 아니겠는가.

장인어른이 내일 퇴원하신다. 이제 얼마나 더 많은 기적으로 사실지 궁금하다. 이 두 권의 책은 또 얼마나 오래도록 내 사랑을 받을까. 사는 것, 만나는 것 모두가 우연이 아닐 것이다. 그걸 신의 은혜로 여기는 내 마음 가득 보고 듣고 느끼는 것 모두가 다 너무나도 소중한 기적이 된다. 그런 삶인 것이 오늘따라 전율이 오도록 실감이 난다. 무뎌진 내 마음에 이만한 생각이 드는 것도 기적이 아닐까. 사는 것이 기적일까, 기적으로 사는 걸까.

첫 새 손님

새 손님이 오신단다. 아내는 집 안 청소를 몇 번이나 하고 있는지 모르겠다. 해로운 먼지 하나라도 있을까 털고 훔치고 닦기를 수없이 하는 아내의 이마에 송골송골 솟은 땀방울이 오실 손님의 눈망울인 양 빛난다.

조실부모한 내게서 딸과 아들 두 생명이 태어났다. 그 딸과 아들이 결혼해서 딸 내외는 남미 파라과이 선교사로, 아들 내외는 미국으로 가버렸다. 그런데 딸아이가 임신해서 만 1년 만에 귀국했고 아이를 낳았다. 오늘 세상에서 가장 아름답고 귀한 그 새 손님이 내 집 첫 손님으로 온단다. 첫 손주, 첫 손녀다.

처음이란 말에선 새벽이슬 같은 청초함과 순결함 냄새가 난다. 맛을 보면 무미할 것 같지만 듣는 것, 생각하는 것만으로도 가슴이 뛴다. 뭔가 좋은 일이 마구 일어날 것만 같은 예감으로 온몸이 긴장된다.

딸아이가 가 있던 파라과이는 우리나라에서 농업이민을 갔던 풍요로운 나라였지만 지금은 우리나라의 1970년대 삶의 환경이란다. 해서 딸은 만삭의 몸으로 칠레와 캐나다를 거쳐 귀국했고 이어 딸을 순산했다. 내 첫 손주인 그 아기가 곧 내 집으로 온다.

그는 이제 우리 집의 왕이 될 게다. 우리는 그를 바라보는 것만으로도 기쁘고 즐겁고 행복할 게다. 우리 집의 새 손님, 첫 손님이 온다는 것이 이렇게 행복한 설렘이지만 딸아이의 결혼은 낮잠에 꾼 짧은 꿈처럼 아쉽고 긴박한 중에도 순식간에 진행되었다.

몇 번이나 잠을 깼는지 모르겠다. 29일, 한 달도 안 되는 29일 만에 딸아이가 결혼을 한다. 퇴근하여 집에 오니 딸아이가 애기할 게 있단다. 한껏 긴장이 되었다. 이렇게 진지하게 애기할 게 있다고 한 적이 없는 아이여서 뭘까 더욱 궁금했다. 그러나 아이는 아주 쉽게 남미 파라과이로 선교를 떠나겠다고 했다. 언제냐고 했더니 한 달 후란다. 일단 제동을 건답시고 그럼 결혼도 안 하고 갈 거냐고 했더니 한 달 후 떠난다면서 결혼도 하고 가겠단다. 사람도 있단다. 참으로 마른하늘

에 벼락이었다. 결혼이 그렇게 쉬운 거면 왜 이날까지 속을 썩였느냐고 묻고 싶은 걸 겨우 참았다. '기가 막히다.'는 게 이런 때인가 보다.

상대는 6년간 같이 봉사를 하던 친구인데 결혼을 생각하며 사귄 것은 6개월쯤 된다고 했다. 그러고 보니 언젠가 소아 심장병 어린이 돕기 마라톤대회 때 내가 갈 수 없어 누구 같이 갈 사람 있으면 가라고 했더니 좋아라 했던 것이 생각났다.

그 친구란다. 그 친구와 결혼을 하고 같이 파라과이 선교사로 떠나기로 했단다.

딸아이의 결혼식 전날 밤 나는 수없이 잠을 깼다. 아니 잠들지 못했다. 품 안에 있을 때나 자식이라 했지만 가까이서 결혼하여 살고 제 몫의 삶의 자리를 챙겨가는 것도 아쉬운 일인데 지구 반대편 나라에 선교사로 간다니 마음을 건잡을 수가 없다. 그렇게 결혼식을 하고 잠깐의 훈련과정을 마친 후 몸만 가지고 떠나버렸던 딸 내외가 출산을 위해 귀국했고 아이를 낳은 것이다.

드디어 손님을 모시러 가게 되었다. 이미 몇 번 눈인사를 한 바 있지만, 아이의 모습에 나도 아내도 정신을 다 빼앗기고 있었다. 내 살붙이, 딸과 아들 남매를 낳고 키울 적엔 너무 힘들어 키우는 재미, 자라는 재미를 느낄 여유가 없었지만 내 피붙이요 살붙이의 첫 번째 열매인 녀석을 보니 심장이 멈출 것만 같다.

불면 꺼져버릴 것 같고 만지면 바스러질 것 같은 여린 생명체 내 첫 손주는 그렇게 내 집 가장 귀한 손님으로 모셔졌다. 녀석의 눈동자가 반짝이는 걸 들여다보고 배시시 웃는 작은 입술을 내려다보면서 생명의 신비와 소중함을 맘껏 누렸다.

그렇게 내 첫 손주는 새 손님으로 와서 바로 왕처럼 군림했고 우린 기꺼이 그에게 순복했고, 얼마 지나 자기 집을 얻어 나갔지만 가까운 곳이어서 자주 찾아가고 찾아온다. 어느새 어린이집엘 다닌다. 동생도 보았다. 그래도 녀석이 집에 오면 여전히 새 손님이고 첫 손님이고 첫 손주로의 지위와 권위를 맘껏 행사하고 누린다.

처음, 첫이라는 이 살폿한 느낌의 단어 하나가 주는 느낌과 감동과 의미는 비단 첫 손주만은 아니리라. 내가 가졌던 첫 직장의 설렘도, 내가 작가로 등단하여 첫 작품을 발표했을 때의 떨림도, 처음 문학상을 받았을 때의 감격도 바로 그 처음, '첫'이라는 느낌과 의미 때문이 아니었을까. 그렇다면 사는 날 매일매일도 그렇게 남은 일생의 첫날을 맞는 감격으로 살아감이 어떨까.

첫 손녀의 이름은 박하다. 하가 지금쯤 어린이집에서 끝날 때이다. 오늘은 녀석을 보러 어린이집으로 가야겠다. 이 또한 어린이집에서는 첫 만남이 되겠다. 나를 발견하면 '하부지!' 하고 놀라며 반가워 입이 벌어질 녀석을 생각하니 내 가슴이 더 설렌다. 첫 손주에 대한 내 사랑이 너무 크고 깊은 것인가. 병원에서 집으로 오던 그 첫날의 감격과 기쁨의 기억이 또 되살아난다. 사랑은 그렇게 늘 가슴으로 오는가 보다.

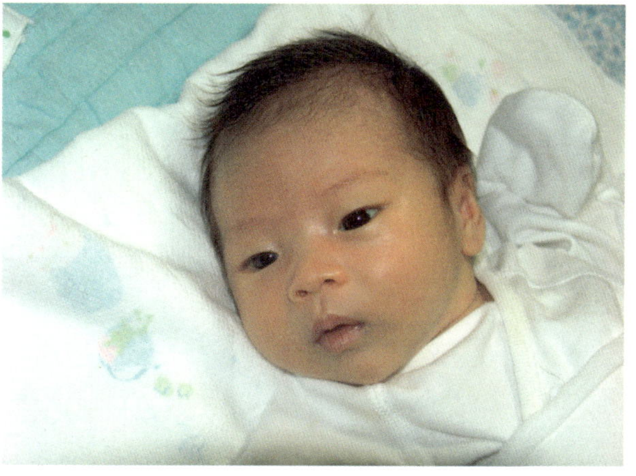

처음, 첫이라는 이 살폿한 느낌의 단어 하나가 주는 느낌과 감동과 의미는 비단 첫 손주만은 아니리라. 내가 가졌던 첫 직장의 설렘도, 내가 작가로 등단하여 첫 작품을 발표했을 때의 떨림도, 처음 문학상을 받았을 때의 감격도 바로 그 처음, '첫'이라는 느낌과 의미 때문이 아니었을까. 그렇다면 사는 날 매일매일도 그렇게 남은 일생의 첫날을 맞는 감격으로 살아감이 어떨까.

살아있음의 기적

문득 25년 전에 썼던 <목숨>이란 시의 내용이 어렴풋이 기억난다. 서른다섯 한 창 삶을 살아야 했던 때 나는 왜 그런 시를 썼을까. 시의 내용처럼 벽에 박힌 못에 잠시 걸어놓는 옷같이 시내버스라는 못에 목숨을 걸어놓기도 하고, 일터라는 못에도 목숨을 걸어놓던 것처럼 하루라는 삶 속에서도 수없이 내 목숨을 어디에고 걸어야 했던 그때의 삶은 지금도 여전히 계속되고 있을 것이다. 다만 달라졌다면 그 나이의 환경과 생각, 일의 우선순위와 조금은 여유로워진 마음이 다르다는 것뿐 상황은 예나 지금이나 크게 다르진 않으리라.

나는 가끔 산다는 것, 아니 살아있다는 것은 기적이다는 생각을 하곤 한다. 뉴스를 보면서 느끼는 것도 저 일이 결코 내게는 없으리란 보장이 없다는 것, 그리고 내 의지대로 세상이 움직이는 것도 아니라는 점이다. 보험을 들어서 노후를 준비하고 매일매일 운동으로 건강을 지켜간다지만 그것도 어디까지나 내가 겨우 할 수 있는 지극히 작은 것일 뿐 그 외의 모든 것은 그냥 주어지는 축복이고 은혜이기 때문이다.

험준한 산속에서 수행하는 사람들은 아주 독한 감기에 걸린다 하더라도 고립된 환경 탓에 약을 구하기도 어렵고 누구의 도움을 받을 수도 없단다. 그런 때 그들이 쓰는 비상수단이 있는데 그냥 2, 3일 앉은 채로 굶는 것이란다. 그런데 신기하게도 그렇게만 하면 웬만한 병은 다 치유가 된다는 것이다. 외부의 자극을 차단한 채 자기에게만 집중하다 보면 기적처럼 자기 치유력이 발휘된단다.

기독교에서는 삶의 문제를 해결할 수 있는 대부분 힘의 근원을 자기를 철저하게 낮추는 것으로부터 시작한다. 어떠한 상황에서도 온전히 나를 부인하고 전적으로 절대자인 신에게 모든 것을 맡기는 믿음일 때 치유와 회복이 일어났기 때문이다. 그곳에서 자기의 문제를 발견하게 되고 문제점을 찾으니 해결의 실마리도 얻게 되어 결국은 전화위복의 기회로 더 큰 이룸이나 얻음도 가능케 된 것이리라.

네 번의 수술 경험이 있는 나는 정신력을 믿지 않는다. 정신력이란 육체가 건강할 때 가능한 것이지 육체가 병들고 약해지면 정신도 절제력을 잃는다는 것을 체험했기 때문이다. 육체가 약해지니 생각도 마음도 거기 따라가 버렸다. 내 배가 불러야 남 배고픈 것도 보인다고 내가 약해지니 어떤 것도 볼 수 있는 여유가 없어져 버렸다. 그래서 어느 날 이해인 시인의 시가 절절히 가슴에 와 닿았는지도 모른다.

나는
늘 작아서

힘이 없는데
믿음이 부족해서
두려운데
그래도 괜찮다고
당신은 내게 말하는군요

살아 있는 것 자체가 희망이고
옆에 있는 사람들이
다 희망이라고
내게 다시 말해주는
나의 작은 희망인 당신
고맙습니다

그래서
오늘도
나는 숨을 쉽니다
힘든 일 있어도
노래를 부릅니다
자면서도
깨어 있습니다

—이해인 <희망은 깨어 있네> 중에서

무언가에 희망을 품는다고 하는 것도 내가 약하고 작다는 것을 의식할 때 가능한 일이 아닐까 싶다. 끊임없이 솟구치고 커가는 욕심을 잠재우지 못하면 '나'라는 실체를 파악하기도 어렵고 결국 참 나를 잃어버린 채 불안해하고 조급해하며 감사도 만족도 없이 하루하루를 산다기보단 굴러가게 된다. 희망으로보다는 욕심으로 바라는 내일이기에 그날이 오면 또 실망하고 더 큰 욕심을 낸다. 그런 마음을 다스리고자 시인도 결심을 했을까.

마음이 많이 아플 때
꼭 하루씩만 살기로 했다
몸이 많이 아플 때
꼭 한순간씩만 살기로 했다
고마운 것만 기억하고
사랑한 일만 떠올리며
어떤 경우에도
남의 탓을 안 하기로 했다
고요히 나 자신만
들여다보기로 했다
내게 주어진 하루만이
전 생애라고 생각하니
저만치서 행복이
웃으며 걸어왔다

—이해인 <어떤 결심> 전문

살아있다는 것은 나에게도 너에게도 희망이 된다는 사실 하나만으로도 감사하고, 그래서 더욱 살아있는 것이 행복하게 느껴지는지도 모른다. 그래서 그는 하루의 삶을 전 생애처럼 살겠다는 결심을 했을 것이다. 그런데 나는 왜 그러지 못할까. 왜 내일과 모레와 더 수많은 날이 있을 거라고 생각하며 오늘에 소홀할까.

좀 더 성의껏 오늘을 살 수는 없을까. 오늘의 나는 그냥 있는 게 아니고 기적이라는 사실을 왜 깨닫지 못하는 것일까. 숨 쉬는 것, 보는 것, 듣는 것, 걷는 것, 말하는 것, 손으로 쓰고 붙잡고 옮기기도 하는 것, 마음대로 일어나고 먹고 싶은 것을 먹는 것, 이 모든 것이 기적이라는 사실을 잊고 산다.

앞을 못 보는 사람, 듣지 못하는 사람, 일어설 수 없는 사람이 되어보지 않아서일까. 아니다. 가진 것에 감사할 줄을 몰라서일 것이다. 내게는 하찮게 보이거나 그렇게 생각되는 것도 그것을 할 수 없는 사람에겐 모두가 기적이라는 것을 몰라서일 것이다.

이 불안한 시대에 내가 제대로 사는 방법은 이렇게 살아있음이 기적임을 깨닫는 것이 아닐까. 아무래도 살아있음의 기적을 못 믿고 깨닫지 못해서 나는 여직 제대로 감사도 행복도 느끼지 못하는 것만 같다.

어깨너머

궁금했다. 무엇일까. 아니 무슨 일이 일어나고 있는 것일까. 사람들이 성처럼 둘러선 보이지 않는 그 중심에서 어떤 일이 생긴 것일까. 그러나 위급하고 위험한 일은 아닌 것 같다. 사람들의 표정이 호기심이고 기대인 것으로 보아서 어떤 재미있고 신기한 일인 것이 분명하다.

나는 그 중심의 무엇인가를 확인하기 위해 우선 깨금발로 키 높이를 조정해 보았다. 하지만 그건 어림도 없는 일이었다. 사람들이 쌓은 성이 다섯 겹도 넘었다. 나는 조심스럽게 조금 느슨해 보이는 사람과 사람 사이의 틈을 뚫고 들어갔다. 그러나 이내 앞사람에 막히고 말았다. 키는 나보다 큰 것 같지 않은데 덩치가 커서 내 눈이 뚫고 들어갈 틈까지 아예 차단해 버렸다.

그때였다. 와! 하고 사람들이 환성을 질렀다. 도대체 무슨 일인가. 무슨 일이 벌어지고 있는 것일까. 아 그렇다. 내가 일차로 시도해 보았던 깨금발을 여기서 써보면 되겠구나. 나는 최고로 내 키를 높이기 위한 깨금발을 시도해 보았다. 그리고 앞사람의 목을 피해 어깨너머로 그 궁금한 곳을 향해 눈을 주었다.

순간 내 입에선 피식 웃음이 나오고 말았다. 그때 또 한 번 환호성이 터지고 다른 한쪽에선 '에이!' 하는 소리도 동시에 들려왔다. 윷놀이 판이었다. 공원에서 척사대회가 열리고 있었다. 다 참여자는 아닌 것 같았다. 그러나 몇 명이 빙 둘러 응원하고 관전하다 보니 군중심리가 사람들을 하나둘씩 이만큼이 되도록 모이게 했을 것 같다.

어떻든 나도 더는 앞으로는 나갈 수 없는 상황에서 앞사람의 어깨너머로 윷놀이 광경을 지켜보았다. 두 동이를 업고 가던 말이 거의 다 가서 지키고 있던 상대편 말에 잡혀버린 것이다. 전세는 완전히 뒤바뀌어버렸다. 그런데 바로 앞에서 걸리는 것 없이 보는 것보다 이렇게 어깨너머로 불편하지만 조금은 비밀스럽게 보는 이것이 훨씬 더 스릴 있고 재미있다는 생각이 들었다. 훔쳐보는 것도 아닌데 어깨너머로 보다 보니 훔쳐보는 것 같은 스릴이 느껴진 것이다. 순간 '어깨너머'란 말이 아주 정겹게 다가오는 듯하더니 그러나 이내 서글프게 가슴으로 파고들었다.

내가 어렸을 때 들은 얘기로 막내 이모는 학교엘 가지 못했단다. 할아버지께서 큰이모만 학교엘 다니게 했는데 그걸 너무도 부러워한 막내 이모가 몰래 언니의 뒤를 따라가 교실 밖 유리창을 통해 수업광경을 지켜보곤 했다 한다. 여자에게 공부시키는 것을 별로 장려하지 않는 때였기에 그랬겠지만 왜 큰이모는 학교에 보내고 작은 이모는 못 가게 했는지 그 이유는 모르겠다. 하여간 막내 이모는 언니의 어깨너머로 선생님과 칠판을 훔쳐보며 몰래 도둑 공부를 했다. 그리고는 언니보다 일찍 집으로 와 모른 체 했단다. 그래도 많이 영특했던지 도둑 공부로도 거의 다 내용을 이해했다고 한다. 그 광경을 할아버지를 잘 아시는 교장 선생님께서 보게 되었고 교장 선생님이 이 사실을 할아버지께 말씀드린 덕택에 4학년 2학기로 편입이 되었다고 했다. 어깨너머로 하던 공부를 교실에 들어가 마음 놓고 할 수 있게 되었으니 그때 이모의 기쁨이 오죽 컸으랴.

'어깨너머'란 말의 뜻은 '남이 하는 것을 옆에서 보거나 듣

거나 함'인데 정상적인 방법으로 배우지 못한 기술 같은 것을 두고 하는 말이기도 하다. 하지만 '어깨너머'란 말 속엔 내가 들어갈 수 없는 곳, 내가 가면 안 되는 곳, 나를 막는 것이 있는 곳이라는 안타까운 뜻이 숨어있다. 그래서 슬픔의 냄새가 짙게 풍겨났다. 아버지를 아버지라 부르지 못하고 어머니를 어머니라 할 수 없던 옛 소설 속 주인공의 안타까움 같은 슬픔이랄까.

나는 그 어깨너머란 뜻도 제대로 모르던 어린 날에 어깨너머로 슬픔을 삼킨 적이 있다. 초등학교 운동회 날 정성스레 준비한 음식을 펼쳐놓고 먹고 있던 친구의 모습, 친구 어머니의 어깨너머로 보이던 먹을거리와 그걸 즐겁게 맛있게 먹고 있던 친구의 모습이 지금도 생각난다. 특히 먹는 걸 바라보며 흐뭇함 가득 등을 두드려 주면서 입에도 넣어주는 그 어머니의 모습에는 나도 모르게 흐르는 눈물을 손등으로 훔치곤 했다.

또 한 번은 중학생 때였다. 친구가 결석하여 무슨 일인가 가보라는 선생님의 말씀대로 그 친구의 집을 찾았다. 인기척을 내도 아무 소리가 없어 뚫린 창구멍으로 방안을 들여다보았다. 그때 누워있는 친구의 이마에 물수건을 해주고 있는 친구 어머니와 그 어머니의 어깨너머로 보이던 친구의 모습이 보였다. 그 순간 저게 세상에서 가장 행복한 모습이겠구나 생각이 들며 울컥 넘치고 마는 눈물을 억제하지 못한 채 뛰쳐나오고 말았었다. 그러나 꼭 그렇게 슬픈 영상으로만 어깨너머가 기억되는 것은 아니다.

미국에서 산타모니카 바닷가를 걷고 있었는데 사람들이 둘러서 있는 모습이 보여 궁금해 그곳을 들여다보았다. 둘러쳐진 사람들의 뒤 어깨너머로 한 광경이 보였다. 오른팔이 없고 왼팔 하나만 있는 젊은이가 초상화를 그리고 있었다. 그런데 어찌나 정교하게 그리고 얼마나 빨리 그리는지 실로 놀랍기만 했다.

원래 화가였는데 사고로 한쪽 팔을 잃었는지, 한쪽 팔이 없어서 생계를 위해 그림을 배운 것인지는 알 수 없었다. 하지만 보통의 솜씨가 넘는 그를 똑바로는 보지 못하고 앞사람의 어깨너머로 그의 표정을 살펴보았다. 그런데 그림을 그리고 있는 그의 표정이 어찌나 평온하고 당당하고 장난기까지 넘치는 귀여운 모습인지 몰랐다. 그래서 그런지 그가 그려내는 그림은 아주 맑고 밝은 모습이었다.

그는 보이는 그대로를 그린다기보다 자신이 찾아낸 가장 좋은 면을 부각시켜 그리는 것 같았다. 그러다 보니 자연 그림 속의 표정도 밝아지고 천진스러워 보이기까지 했다. 발길을 돌리면서 살짝 앞사람의 어깨너머로 그를 한 번 더 훔쳐보았다. 뭐가 그리 좋은지 콧노래라도 부르는 것 같았다.

어깨너머, 사람들은 좋지 않은 쪽에서 어깨너머로 훔쳐본다. 그러나 어쩌면 어깨너머란 너무 겸손하고 너무 착해 보란 듯 나서지 못하는 수줍음의 동작일 수도 있다는 생각을 했다. 너무 당당한 사람들로 넘쳐나는 요즘인데 어깨너머로나 참여할 수 있는 수줍음은 오히려 귀하지 않을까.

키보다 높은 담 너머로 안타깝게 깨금발을 하며 지나가는 결혼 행렬을 훔쳐보는 옛 풍속도 속의 한 여자아이가 나를 닮은 것 같다는 생각이 드는 것은 왜일까.

순대와 피아노

"뭐 하시나요?"

"지금 순대 먹으면서 피아노 치고 있어요."

그는 내게 늘 충격적이다. 내 생각과 상상을 훌쩍 뛰어넘어 버린다. 그런 그가 참 부럽다. 그래서인지 그의 수필에서도 생명력 아니 운동감이 넘친다. 사용된 언어도 문장도 지극히 동적이다. 요즘 수필계엔 변화를 시도하는 층이 많다. 정형화된 과거 회상적 체험 이야기거나 그리 특별할 것도 없는 일상적 이야기들을 문장화해 놓은 것들에 대한 자성이고 반발일 수도 있지만 독자들이 진부해 한다는 것이 더 큰 문제일 것이다.

해서 퓨전적 실험수필도 나오고 아포리즘적 수필도 나왔다. 스토리가 있는 소설 같은 수필도 나오고 아주 길거나 아주

짧은 수필도 나왔다. 그러나 그것들이 다 문학적 완성도도 높아 독자에게 소설이나 시보다도 수필을 선호하게 할지는 모르겠다. 하지만 변하고 있는 것만은 사실이다. 글을 쓰는 이나 읽는 이의 취향이나 분위기도 바뀐 것이 분명하다.

그의 전화를 받으며 나는 분위기상 어울리지 않는다고 말했다. 햄버거나 도넛이라면 몰라도 순대와 피아노는 어울리는 것 같지 않다고 했다. 그랬더니 점심시간을 틈타 피아노 연습을 하고 있는데 순대가 점심을 때우기에 적격이라는 것이다. 듣고 보니 그럴 만도 했다. 밥을 먹어야 하는데 반찬 없이 손

쉽게 집어 먹을 수 있고 또 영양가도 있고 맛도 있으니 시간 허비 없이 두 가지를 다 충족할 수 있게 하는 데는 꼭 맞을 것 같다.

어울린다는 것은 같은 것끼리만 모여야 한다는 내 생각이 아닌가. 서구적인 것이니 서구적인 것으로 어울리라는 것인데 그의 나이를 생각한다면 실용적인 면에서도 분명 순대는 햄버거와 비교가 되지 않는다.

어쩌면 우리 삶에도 그런 선입견과 편협된 생각들이 많이 살아있을 것 같다. 그래서 한 번쯤 해보고 싶은 게 있어도 선뜻 용기를 내지 못한다. 하지만 어쩌다가 저질러보게 되면 그렇게 어려운 것만도 아니라는 걸 알게 된다.

난 요즘 집에 오면 몸빼를 즐겨 입는다. 아내가 오천 원씩 주고 두 개를 사 왔다는데 그중 하나를 나더러 입어보라 했다. 망측스럽게 어떻게 그걸 입느냐고 했더니 입어보고 싫으면 벗으라고 했다. 해서 그걸 입어 보았는데 그렇게 편할 수가 없다. 여자용으로 나온 거라 좀 짧고 모양도 좀 뭐해서 끝 부분을 잘라달라고 했더니 칠부바지처럼 되어 집에서 입기에 아주 그만이다. 남이 볼일도 없고 편하니 집에 들어오면 그걸로 갈아입는 게 첫 번째 일이 된다. 손으로 조물조물 빨아서 꼭 짜 툭툭 털면 금세 말라 바로 입을 수도 있으니 그 또한 편리하다.

어느 날 사위가 집에 왔다가 내 그런 모습을 보고 웃기에 한 번 입어보라고 했더니 머뭇거리다가 입어보고는 단박에 찬사가 나왔다. 저도 하나 사 입겠다는 것이다. 미국서 온 아들에게도 그걸 입어보라고 했더니 그도 아주 좋단다. 해서 시내 나갔다 오는 길에 사위 것과 아들 것을 사다 주었다. 이제 우리 집 실내복은 몸빼 커플 바지다.

여자 바지에 지퍼가 그것도 남자와 같이 중앙에 있다는 것을 옛날엔 상상이나 했겠는가. 그러고 보면 모든 게 생각의 차이인 것 같다. 특별한 것을 파격이라고 하지만 파격이야말로 창조의 힘이 아닐까 싶다.

나도 순대와 순댓국을 참 좋아한다. 비싼 음식보다 순대국밥 집에서 한 그릇 뚝딱 맛있게 먹어치우는 걸 즐긴다. 그래도 피아노와 순대는 어울리지 않는 것 같다. 하긴 나도 사위와의 첫 대면을 새벽 순대국밥 집에서 했다. 시간이 그렇게밖에 안 되어서이기도 했지만 그런다고 해도 서로 최소한의 예의를 갖춰야 할 첫 자리에선 어울리지 않는 일이었다. 하지만 마주앉아 그것도 새벽에 맛있게 순대국밥 한 그릇을 먹는 동안 우린 말 없는 대화로 속엣말까지 다 해버렸다. 그러고 보면 예의라는 것도 고정관념일 것 같다.

그는 의사다. 병원 원장이다. 작가다. 그런데 피아노를 치고 싶단다. 하지만 시간을 낼 수 없어 고민만 했는데 점심시간을 이용하면 되겠다 싶어 자신의 점심시간에 그 하고 싶은 피아노 치기를 한다고 했다. 그렇다고 오후 진료도 해야 하는데 점심을 거를 수는 없지 않은가. 그래 선택한 게 순대란다. 반찬을 따로 먹지 않아도 먹을 수 있는 밥, 영양가도 있는 점심으로 순대를 택한 실용성은 가히 그답다. 그런 그의 파격이 그의 수필도 톡톡 튀는 생동감이 있게 하는 것이 아닐까.

그림이 그려진다. 가끔씩 순대를 집어 먹으며 열심히 피아노를 치는 그의 모습이다. 때로 어울릴 것 같지 않은 것이 가장 잘 어울릴 때가 있는데 그가 그렇지 않을까 싶다. 문득 나는 내 삶의 순간들에서 나나 남에게 얼마나 잘 어울리는 존재였을까 생각을 하자 두려움이 앞선다. 내가 있으므로 해서 조화가 깨지거나 나로 인해 불편하진 않았을까. 그러고 보면 그는 어디에서나 곧잘 어울리는 것 같아 은근히 샘이 나기도 한다. 한 손으로 순대를 집어 입에 넣으면서 피아노 건반을 두드리는 그에게 한낮의 햇볕이 다소곳이 스며드는 풍경, 피아노 옆에 놓인 순대 접시, 오히려 아주 잘 어울리는 한 폭 정물화가 되지 않는가.

먼저는 행동의 순서가 아닌가. 양이 아닌 순서, 생각하면 할수록 아이가 한 말이 사랑스럽다.

먼저 좋아

요즘은 아이들 눈으로 세상 보는 연습을 한다. 손주 녀석들의 눈높이에 맞춰줘야만 그들이 좋아해 주기 때문이다. 이제 33개월과 14개월 된 외손녀가 가끔씩 집에 오는데 올 때마다 깜짝깜짝 놀란다. 아이들의 하는 짓이 지난번 왔을 때보다 몰라보게 달라져 있음인데 새로운 말과 짓거리를 보여주기 때문이다.

사실 딸과 아들 남매를 키워냈지만, 그땐 먹고살기에도 바쁘고 그저 힘겹기만 하였던지라 아이들 자라는 모습에 눈을 줄 겨를도 없었다. 그러나 손주는 그들의 하는 짓 하나하나가 눈여겨 보이는데 그러다 보니 그것들이 더 새로워 보이고 기특하고 사랑스럽다. 그만큼 삶에 여유가 생겼다 할 수 있지만 내가 나이 들었다는 이유도 될 것 같다.

아이들이 집에 와 있을 때는 쉴 새 없이 묻고 해 달라 하고 내 하는 일을 방해해서 귀찮다. 그러나 막상 그들이 인사를 하고 현관문을 열고 나서면 다시 안으로 들이고 싶어진다.

오늘도 계속 두 녀석이 내 몸을 놀이터 삼아 놀더니 한순간 큰놈이 보이지 않았다. 혹시 이놈이 또 어디 가서 무슨 말썽을 피우나 싶어 찾아보니 열어놓고 나왔던 내 방문이 닫혀 있다. 살그머니 문을 열어보았다. 아뿔싸, 내 책상 밑에서 열심히 색연필로 방바닥에다 그림을 그리고 있다. 책장에 올려져 있던 것들도 빼내져 여기저기 나뒹굴고 있다. 녀석은 급작스러운 나의 출현에 아연 긴장하는 듯하였지만, 할아버지는 늘 제 편이라는 듯 이내 태연히 하던 짓을 그대로 계속한다.

"하야, 종이에 그려야지 방바닥에다 그리면 어떡해?" 했더니 "하부지! 박하가 그렸어." 하며 오히려 자랑스러워한다. 그러는 중에 낌새를 눈치 챈 제 어미가 급히 달려오자 아이는 순간 울상이 되는 듯싶더니 알코올 휴지를 주며 지우라 하자 금방 장난스럽게 문지르며 그것도 즐거워한다. 그런데 딸아이가 내게 "아빠, 하가 할머니보다 할아버지가 더 좋대요." 한다. "그럴 리가?" 하고 내가 되물었더니 아이만 있을 때 할아버지가 좋아 할머니가 좋아? 하고 물었더니 한참 생각하다가 "하부지가 먼저 좋아." 하더란다.

먼저 좋아? 이제 30개월 조금 넘은 아이에게 '더'라는 말은 어려웠을까. 어떻든 아이는 '더'라는 말의 대체어로 '먼저'라는 말을 썼다. 그런데 할머니보다 할아버지를 더 좋아한다는 것에 기분이 좋은 것이기보다 아이가 했다는 그 말이 아주 신선하게 다가왔다. '더 좋아.'보다 '먼저 좋아.'라고 했다는 아이의 말이 내겐 너무나 신선한 느낌으로 다가왔기 때문이다.

장영희 님의 수필에 <하필이면>이란 게 있다. 조카에게 어느 날 선물을 했는데 외국에서 살다 와서 우리말에 서투른 조카가 '이걸 왜 하필이면 내게 주는데?' 하더란다. 작가는 조카가 쓴 '하필이면'이란 말을 이렇게도 쓸 수 있구나 하고 놀란다. 뭔가 내 일만 잘못되거나 내 불행이 겹쳐 원망할 때 주로 쓰는 말인데 한국말이 서툰 조카는 고모가 자기에게 선물을 준 것에 대해 왜 나한테만 특별하게 이런 선물을 주느냐는 고마움의 표현으로 '하필이면'이라 했던 것이다. 그랬더니 다른 어떤 말로도 대신 할 수 없을 만큼의 특별한 감사 표현이 되더라는 것이다.

33개월짜리 손녀가 쓴 '먼저 좋아'의 '먼저'가 바로 '하필이면'처럼 사용된 것이 아닐까 싶다. '하부지가 더 좋아.'보다 '하부지가 먼저 좋아.'한 손녀를 나는 꼭 끌어안아 주었다. "하부지가 먼저 좋아?" 끌어안은 그에게 귓속말로 물었더니 "응.

하부지가 먼저 좋아." 했다. "그래? 하부지도 박하가 먼저 좋아." 우린 한통속이 되어 키득거렸다.

사랑은 표현해야 더욱 활짝 피어난다고 했는데 표현을 하고 나면 더 사랑하게 되는 것 같다. 가만 생각하니 손녀 아이는 나이답지 않게 언어적 표현이 야물다. 그건 누가 가르쳐 준 것이 아니라 스스로 배운 것들이다. 아빠 엄마란 말만 겨우 하던 어느 날엔 제 할머니와 방 안에 있었는데 내가 밖으로 나오라며 불을 꺼버렸더니 "안 보여."라고 해서 놀랐었다. 그런데 거기다 이어서 "무서워."라고까지 했다. 그런 상황이 어떻게 안 보이는 상황이고 또 그게 어떻게 무섭다는 상황으로 인지되었을까.

아이에게서 배운다는 말이 맞는 것 같다. 아이는 결코 그냥 말한 게 아녔을 것이다. 아이는 그런 상황과 거기에 쓸 만한 말을 수없이 찾았을 것이고 그 결과 거기에 맞는 말은 이것이다 라고 판단되어 선택하는 힘까지 갖게 되었을 것이다. 그게 정확하게 그 날 처음으로 표현되어 나왔을 것이다. 행위의 순서가 되는 '먼저'라는 말이 '더'라는 비교되는 말보다 아이에겐 더 적합하게 생각되었을 것 같다.

그런데 우리는 삶에서 '먼저'보다 '더'를 훨씬 좋아한다. 더 크고 더 많고 더 높고 더 좋은 것만 바란다. '먼저'인 경우도 '더'가 있어야 움직인다. 어쩌면 '더'란 욕심의 표현일 때가 많은 것 같다. 내 것으로 만드는 일에 '더'가 많이 동원된다. 남에게 주는 것에 '더'는 약하다.

그랬다. 맞다. 아이는 꼭 "하부지 먼저 먹어." 했다. 저보다 먼저 할아버지가 먹어야 한다고 생각하는 것이다. 그러나 '하부지 더 먹어'라고는 하지 않았다. '먼저'는 할아버지지만 더 먹는 것은 자기부터 생각했다.

먼저는 행동의 순서가 아닌가. 양이 아닌 순서, 생각하면 할수록 아이가 한 말이 사랑스럽다. 내 삶의 순간순간에서도 나는 이 사소한 아름다운 원칙 하나를 세우지 못했다. 그저 '먼저'와 '더'의 갈림길에서 늘 주저하다가 '더' 쪽으로 살짝 방향을 틀곤 했다. 그래서 좋은 사람이 내 친구가 되었으면 하고 바라지 내가 먼저 그의 좋은 친구가 되겠다는 생각은 하지 않는다. 그가 주면 나는 그보다 더 주리라고는 생각하지만 작더라도 내가 먼저 주려고는 하지 않는다. 있는 것에 먼저 감사하면서 더 좋은 것을 얻기 위해 노력하는 것이 아니라 늘 더 좋은 것이 없음에 불평하며 내게 있는 것에 대한 감사도 소중히 여기는 것도 하지 않았다. 사람의 모습으로 표현한다면 '먼저'는 적당히 날씬하고 행동도 세련된 모습일 것 같고 '더'는 뚱뚱하고 굼뜬 모습일 것 같다. 바로 나의 모습이다.

'먼저 좋아.' 손녀는 내게 새로운 삶의 목표와 방향을 선물해 주었다. 오늘도 나는 이렇게 아이에게서 배운다. '그래 하야, 하부지도 이제부터 먼저 좋아할게.' 나는 아이를 품에 꼭 안고 선물로 줄 것이 없을까 바쁘게 눈을 움직인다. 아이도 내가 먼저 뭐든 줘야 계속 '먼저 좋아.' 할 것이다.

나의 문학 나의 직장

—문학과 직장, 이란성 쌍둥이의 사랑

간밤에 비가 내렸나 보다. 아침에 집을 나서며 보니 나뭇잎들이 밤새 내린 비에 떨어져 젖어있다.

얼마 안 있으면 비와 바람이 아니라도 저 이파리들은 노랗게 물들어 다 떨어지리라. 가을은 소리도 없이 내게로 다가오고 있었다. 문득 저 이파리들 중 하나가 나란 생각이 들었다. 수없이 왔다 가는 생명들의 나들목에서 나 또한 나뭇잎 한 잎보다 결코 더할 것도 덜할 것도 없는 존재가 아닐까.

이런 내게 문학은 나의 구원은 못되었을지라도 나를 나답게 하고 나를 나일 수 있게 한 가장 큰 축복이었다. 내가 그에게 가기보다 그가 나에게로 와 주었던 문학은 그래서 더 큰 축복이라 생각한다.

나의 20대에서 30대는 참으로 힘들 때였다. 나만이 힘들었던 때가 아니라 누구나 힘들 수밖에 없던 시절이었다. 그런 가운데서도 너무 무거운 책임과 힘겨운 삶의 날들에 깊숙이 묻혀있던 문학이라는 희망과 열정의 작은 씨앗이 밤새 살며시 내린 비 같은 사랑을 힘입어 싹을 틔웠다.

아주 좋은 씨앗이지도 못하고, 좋은 땅이지도 못하고, 좋은 환경도 아니었으니 탐스럽거나 아름답게 자라지도 못했을 것이 당연하지만 그럼에도 잎이 났고 꽃도 피었다.

그동안 열 권이 넘는 내 이름의 책들이 독자와 만났다. 참으로 두렵고 떨리는 일이다. 부끄럽기도 하다. 하지만 만일 내 삶에 문학이 함께 할 수 없었다면 어찌 되었을까 생각하면 온몸에 소름이 돋는다.

내 삶에서 문학과 일은 기차의 레일처럼 평행하면서 둘이되 하나로, 하나인 듯 둘로 나와 함께 했다. 물론 일이 문학 속에 깊이 들어갈 때도 있었지만 내게 문학과 직장은 이란성 쌍둥이 같았다.

한 가지 다르다면 직장은 자의건 타의건 손을 놓아야 할 때가 오지만 문학은 그렇지 않음이다. 하지만 좋은 작품을 쓰고 싶은 욕망과 욕심은 일보다 앞섰던 것 같다.

4년 전에 직장을 그만두었다. 그러니까 올해까지 직장에 있을 수 있었지만 조금 빨리 직장을 그만두어 나의 시간을 갖고 싶었다. 그런데 정작 내가 하고 싶은 일은 무엇일까. 순간 아무 생각 없이 얼마간 나를 잊고 싶을 만큼 조용한 곳에서 없는 듯 쉬고 싶다는 생각이 들었다. 그랬다. 쉰다는 것은 내가 일을 할 수 있을 때, 그리고 내가 일을 하고 있을 때 그 하던 일을 자발적으로 멈추고 나만의 여유를 누려보는 것이 아니겠는가.

나이가 들고 힘이 부쳐 일을 할 수 없게 되어 손을 놓게 되는 것은 쉬는 게 아니라는 생각이었다. 하지만 어떻게 쉬는 것이 제대로 쉬는 것일까에 대한 답은 확실히 얻지 못한 상태였다. 그러나 하던 일을 멈추는 것이 쉬는 것의 첫 번째 순서일 것 같았다. 그래서 직장에서 퇴직했다. 한두 달쯤은 '먹고 자고 놀기'의 시간이고자 했다.

꽉 짜인 일상의 틀을 벗어나 자유로운 나, 그러면 비로소 나의 정체성도 알게 될 것 같았고 나의 실체를 볼 수 있는 눈도 귀도 마음도 열리리라 생각되었다.

하지만 그것조차 허락되지 않았다. 직장을 그만둔다는 소문이 어떻게 났는지 곧바로 강좌를 맡게 되었고, 아주 자연스럽게 다시 직장이 아닌 다른 얽매임에 나를 내주게 되었다. 한편 이런 구속은 나를 들뜨게도 했다. 나의 문학을 글로만이 아니라 직접 말로도 전하고 나눌 수 있다는 기대에 대한 설렘이었다.

두 개의 평행선으로 나를 지탱해오던 삶의 균형이 하나로 모이면서 새로운 구심점을 만들어 갔다. 나는 30년 넘게 직장생활을 했다. 문학과는 전혀 다른 곳에서의 먹고 살기 위한 길이었다. 그러는 중에도 가정이라는 내가 책임져야 할 작은 우주를 거느린 가장의 삶으로 나는 심히 허덕이면서 그렇게 시간에 쫓기며 문학을 했다. 이젠 오랜 동안의 그것들을 정리하고 문학만을 쓰고[作], 평[評]하고, 가르치는 일[敎]을 하고 있다.

그런데 다시 생각해보니 그것도 결코 다른 길이 아니었다. 먹고 사는 것, 그 먹고사는 것을 위해 밤낮 없이 걷고 뛰던 것조차도 문학이었다.

그곳에서 만들어진 토양에서 문학이란 좀 색다른 꽃 한 송이를 피워냈을 뿐이었다. 다만 직설적으로 내 일을 문학으로 표현하지 않았을 뿐이었다. 사실 나는 크게 두 곳에서 직장생활을 했지만 내 일보다도 그곳에서 만난 사람들과 그들의 말과 마음과 표정이 더 소중하고 크게 남아있다. 사람과의 관계는 무엇보다 중요한 삶의 토양이기 때문이다. 결국, 문학과 직장은 둘 다 내가 나일 수 있게 한 것들이었다.

그토록 덥던 여름, 유난히 태풍으로 피해가 컸던 여름의 기억을 뒤로하면서 나는 새 계절을 맞는다. 아니다. 내가 그의 그늘에 드는 것이다. 나는 가만있지만, 그의 그늘이 어느새 나를 감싸오고 있음이다. 이제 이 가을을 나는 또 얼마나 누릴 수 있을까. 내 삶은 문학과 직장이라는 이란성 쌍둥이를 키우는 시간이었는데 이제는 서서히 그들을 하나로 다시 내 품에 품고 그들의 숨소리를 하나로 모아야 할까 보다.

좀 아쉬운 것은 문학은 그냥 사랑하는 존재로, 직장은 어찌할 수 없이 사랑해야 할 존재로 지켜왔음이다. 사실은 문학보다 직장이 오늘의 나를 이만큼이나마 있게 한 것인데 말이다. 그러고 보면 내 문학은 내 직장에 큰 빚을 진 셈이고 이제부터라도 그 빚을 갚아야 할 차례다. 남은 내 문학의 날들은 그렇게 사랑의 빚 갚기가 되어야 할 것 같다.

2. 내 맛내기

어른 아이

거울을 본다. 한 남자의 얼굴이 낯설다. 그런데 낯설다고 생각한 순간 묘한 기분이 든다. 낯설어서는 안 되는 얼굴이라고 내 안에서 소리가 들려온다. 다시 바라본다. 그러고 보니 그건 내 얼굴이다. 한데 왜 낯설어 보일까.

사진을 찍어보면 난 내가 생각하고 있는 내 모습에서 많이 벗어나 있는 모습의 나를 본다. 녹음되어 있는 내 목소리를 들어보면 전혀 내 목소리 같지 않다. 인사를 받기보다는 하는 쪽의 나, 늘 나는 아직 젊은 나를 생각하곤 하는데 요즘 사진 속의 모습은 전혀 그런 내가 아니다. 어느새 세월의 때가 많이 끼어있다.

목소리만은 어른스러울 거로 생각했는데 그도 그렇지가 않다. 가늘고 여리다. 위엄 넘치는 굵고 두툼한 목소리를 가진 사람을 보면 부럽다. 그래서 나에 대해서 불만이 많다.

거울 속의 내 모습을 다시 본다. 아직은 나이에 비해 조금은 젊어 보이는 것 같기도 하다. 아마 그건 까만 머리 탓일지도 모른다. 할아버지로부터 받은 인자, 할아버진 여든일곱에 돌아가셨지만 흰 머리카락 하나 없으셨다. 그 유전인자를 내가 받았나 보다. 나도 아직까진 흰 머리카락 하나 없다. 그래서 아내는 어쩌다 내 머리에서 새치라도 하나 발견하면 뽑질 못하게 한다. 괜히 자신만 늙어가는 것 같아 억울한 생각이 든다는 것이다. 내가 나이보다 조금은 젊게 보이는 것은 순전히 검은 머리카락 때문인 것이 맞는 것 같다.

나를 한 번도 보지 못한 사람과 통화를 한 후 나중에 만나거나 내 나이를 알게 되면 얼굴도 목소리도 젊다고들 한다. 전혀 그 나이의 얼굴이며 목소리가 아니라고 한다. 그렇다면 나는 내 나이에 이르지 못한 모습과 목소리란 말이 된다. 그러면 어찌 그게 모습과 목소리만이겠는가. 속에 든 것도, 생각하는 것도, 행동하는 것도 그렇지 않겠느냐 싶다.

나이가 들면 철도 드는 법인데 얼마나 더 나이를 먹어야 제대로 철이 든다는 걸까. 나는 아무래도 죽는 날까지도 제대로 철 든 사람 노릇을 못 해볼 듯싶다. 웬만하면 이만큼에서는 어른스러워질 만도 할 텐데 그렇지 못하는 것만 봐도 아니 그런가. 내가 나를 생각해 보아도 나는 분명 철이 덜 든 어른만 같으니 걱정이다.

그런 내 모습을 어떤 이는 맑다 순수하다고 보아주기도 하지만 뒤집어 생각하면 넌 언제나 철이 들래? 이 불쌍한 인간아 나잇값이나 좀 해라, 이젠 제발 그만 철 좀 들어라 하는 것 같아 부끄러울 때도 있다.

그래서 철딱서니 없는 사람 같아 보이기도 하고 여전히 그런 아이 같은 마음인 것 같기도 하여 스스로 '어른 애'란 생각도 한다.

그런 내 모습을 그림으로 그린다면 이마에 주름살이 있는 아이처럼 될지도 모른다. 그런데 실은 그 '아이'라는 말이 요즘 들어서는 크게 거슬리거나 싫지가 않다. 어쩌면 그게 나름의 위안이 되는 것 같다.

나는 텔레비전을 보면서도 참 잘 눈물을 흘린다. 슬픈 일, 안타까운 일 같은 데 흘리는 게 아니라 별것도 아닌 아주 자잘한 감동스러운 얘기들에 곧잘 흘린다. 오히려 보통 사람들이 꼭 눈물을 흘림 직한 일엔 말짱하다. 그러나 서로의 마음을 나누는 따뜻한 얘기거나 심지어 아이들이 보는 만화영화 같은 데서도 곧잘 눈물을 훔친다. 너무 심하다 싶을 만큼 그런 데선 눈물이 헤프다. 아름다운 풍경을 보다가도 눈물을 흘린다. 말하자면 감성이 지나쳐서 오히려 모자라고 부실한 것 같다. 그러나 그것이 나를 있게 하는 힘이라 생각되기도 한다. 아이들을 야단치고도 삼 일은 마음을 앓고 누군가와 마음이 틀려도 그게 정상으로 되돌아오고 풀리기까지 안절부절못한다. 일종의 소심증일 수도 있겠다.

자화상, 내 모습을 그려본다. 특징도 없고 그렇다고 모난 곳도 없다. 너무나 평범한 나, 그런 나로 이만큼 살아왔다는 게 신기할 정도다. 단 한 군데도 고친 곳이 없는 내 모습 그대로다. 여기에 더 세월이 가면 주름살이 더 늘어나고 굵어질 것이며, 얼굴은 쪼그라지거나 왜소해질 것이다. 그래도 나는 여전히 '어른 아이'는 벗어날 것 같지 않다. 자신이 없다. 그래서 남의 앞에 서는 것을 별로 좋아하지 않는다. 부담스럽기 때문이다. 그런 나를 사랑한다. 그게 나이기 때문이다.

언제까지 더 이런 모습을 지켜갈 수 있을지 모르겠지만, 아직도 아이 같은 마음이 내겐 위안이 되니 그런 내 마음을 나이와 상관없이 보아 주었으면 싶다. 나이 들지 않는 피터 팬이 되고 싶은 건 아니지만 그게 나를 지켜주는 순수라 생각되어져서이다. 그런 나로 그냥 살고 싶은 것이다. 아직도 아이 같은 어른 아이, 내게 딱 맞는 말일 것만 같다. 환갑을 넘은 어른 아이, 바로 나다.

휘파람을 불며

어릴 적 우리 집에 살던 허상은 일을 할 때나 혼자 있을 때나 휘파람을 불곤 했다. 그런데 어린 내가 듣기에도 일을 할 때는 그 휘파람 소리가 아주 흥겨웠지만 혼자 있을 때 부는 휘파람소리에선 왠지 구슬프단 느낌이 들곤 했다. 허상의 휘파람 소리는 참으로 일품이었다. 나는 그 휘파람을 가르쳐 달라고 떼를 써보기도 했지만, 나중에 크면 저절로 된다며 자기만 신나게 휘파람을 불곤 했다.

휘파람을 불며 일하는 그의 모습은 신이 나 보였고 나도 덩달아 흥겨워져서 그의 곁에서 장난을 걸거나 내 놀잇거리를 찾아 나서기도 했었다. 그러나 어른이 되면 저절로 된다던 휘파람 불기는 내겐 여전히 해당되지 않는 말이었다.

아프리카 출신의 유명한 골프선수인 닉 프라이스Nick Price는 골프가 잘 안 되거나 일이 잘 안 풀릴 때면 휘파람을 부는 버릇이 있다고 한다.

그는 남아프리카공화국에서 태어나 짐바브웨에서 자란 프로골퍼인데 메이저대회 3승을 포함하여 미국PGA투어에서 18승을 올린 후 지금은 시니어챔피언스투어에서 활약 중이란다. 특히 1994년엔 브리티시오픈과 USPGA챔피언십을 동시에 제패하며 그 이듬해까지 근 1년간 세계랭킹 1위를 기록하기도 한 선수로 정규투어 시절엔 장타력보다 정확성으로 승부했던 선수였기에 장타에 대한 열망이나 연구가 그 어느 선수보다 강했을 법하다. 그런 그였으니 경기 결과나 과정에도 얼마나 예민했겠는가. 그런데 그는 마음먹은 대로 안 되면 휘파람을 신나게 불었단다.

사람들이 다른 선수들은 골프가 안 되면 화를 내거나 신경질을 내는데 당신은 어떻게 오히려 즐거운 듯 휘파람을 부느냐고 묻자 "내 아버지는 내게 일이 잘 안 풀릴 땐 이렇게 휘파람을 불며 마음을 즐겁게 하면 안 되던 일도 잘된다고 했습니다."라고 하더란다.

기쁠 때 기뻐하는 것은 당연하지만 슬프거나 어려움을 당할 때 기분을 풀어 즐거운 마음이 되고자 하는 것은 쉬운 일이 아니다. 그러나 닉 프라이스처럼 휘파람을 분다면 분명 기분이 달라질 수도 있을 것이다. 그렇게 기분이 달라진다면 잘 안 되던 일도 틀림없이 잘 풀릴 수 있다.

사람의 마음속엔 오늘 이 일이 잘 안 되었으니 앞으로의 내 일은 모두 잘 안될 것이다 하는 생각과 오늘 이 일이 잘 안 되었기 때문에 분명 좋은 일이 내게 찾아올 것이다 하고 생각하는 두 마음이 상존한다고 한다. 하지만 대개의 경우 잘 될 것이라는 90%의 희망보다 잘 안 될 것이라는 10%의 불안 쪽에 더 마음을 쓰게 된단다.

사실 내 마음을 좋은 방향으로 인도하는 것은 내 마음이다.

나쁜 방향으로 인도하는 것도 내 마음이다. 그렇기에 무엇이 아름다운 일인지 무엇이 나를 더 좋게 할 것인지 긍정적 생각 긍정적인 마음을 갖는 것은 그의 삶에 그만큼 유리하다는 것이다.

어쩌면 닉 프라이스나 우리 집의 허상도 나나 우리와 똑같은 생각을 했을 테지만 당시의 기분에 좌우되지 않고 좋은 쪽으로 그 기분을 전환하려는 의도적 의지를 발동시켰기 때문에 기분도 따라 변하지 않았을까 싶다.

요즘 나를 보면 하지 않아도 될 걱정을 참 많이도 하는 것 같다. 다가오지 않은 내일이나 미래의 일에 대한 걱정이 대부분이다. 오늘엔 오늘만 살면 되는 데도 오늘에 총력을 기울이지도 못하면서 내일 일 걱정을 하고 있으니 내가 생각해도 한심하다. 그렇지만 그게 또 내 성격이요 사람의 생리인 걸 어떡하나. 그래서 나도 이젠 내 생긴 대로 살아보자며 마음을 편히 가져보려 하지만 그것도 제대로 안 된다. 아무래도 누구에게건 나도 휘파람 부는 것이라도 배워야 할까 보다.

허상은 북에서 피난을 와서 우리 집에 잠시 몸을 의탁했던 사람이다. 몸 붙일 곳 마음 붙일 곳이 없던 그였지만 단 한 번도 그가 화를 내는 것을 본 적이 없다. 힘도 장사여서 쌀

한 가마니를 힘도 안 들이고 던질 정도였는데 누가 무얼 시켜도 싫은 기색 하나 없이 잘 해내곤 하던 그에게 휘파람은 가장 의지가 되는 친구가 아녔을까 싶다.

그가 우리 집을 떠나던 날 내게 풀잎으로 연주를 해 주었다. 나는 하도 신기해서 그것도 가르쳐 달라고 했더니 그 또한 크면 다 할 수 있다고 했다. 그러나 그것 역시 이만큼 나이가 들어버렸는데도 할 수 없다.

휘파람은 입술을 좁게 오므리고 혀끝으로 입김을 불어서 맑게 내는 소리다. 하지만 어쩌면 휘파람이란 내 안에 있는 화를 밖으로 내보내는 역할을 하는지도 모르겠다. 절망적인 한숨도 치솟는 울화도 밖으로 내보내는 역할이라면 꼭 리듬이 되어야 할 이유는 없겠지만 그걸 음악으로 승화시켜 내보낼 수 있다면 얼마나 아름다운 일인가. 특히 성질이 급하여 뜻대로 일이 안되면 붉으락푸르락 얼굴색이 변하고 숨이 거칠어지는 나 같은 사람에게 휘파람은 꼭 필요할 것 같다.

좋은 일엔 기분 좋은 휘파람을 그렇지 못할 때는 기분을 좋게 해 줄 휘파람을 불어 나와 주위의 사람이 함께 기분이 좋아진다면 그도 얼마나 좋은 일인가. 어디선가 허상과 닉 프라이스의 휘파람 이중주 소리가 들려오는 것만 같다. 하나는

기분이 좋아서 부는 휘파람이고 하나는 기분이 나쁘지만 좋아지게 하는 휘파람으로 아름다운 화음이 이뤄진다. 그걸 듣는 내 마음도 상쾌해지는 것 같다. 그러고 보니 나도 어느새 잘 되지도 않는 휘파람소리를 내 보고 있었다.

내 맛내기

한 달 일정으로 미국행을 한 아내의 빈자리를 채우는 일 중 가장 중요한 게 먹이 해결인 것 같다. 싫어도 아니 할 수

없는 것, 안 하면 당장 견딜 수가 없는 것이 배를 채우는 일이다.

나는 그래도 입맛에 맞춰 음식을 만들어 먹는 것을 즐겨하는 편이다. 해서 주방에도 자주 드나들고 아이들이라도 오면 별미를 만들어 즐기기도 했다.

하지만 아내가 떠난 지 겨우 일주일인데 벌써 하기가 싫다. 이것저것 해놓고 간 것들이 많아 그냥 끓이거나 간단한 조리만 하는 것인데도 혼자 먹으려 무엇을 만든다는 것이 영 내키질 않는다. 자고로 음식이란 여럿이 함께 먹어야 제맛이 나는 것 아니던가.

오늘도 주방에서 저녁거리를 만드는데 아내가 많이 준비해 놓았다지만 정작 내가 먹고 싶은 것은 아니다. 해서 뭘 좀 만들어보려는데 내가 원하는 재료들은 눈에 안 보인다. 그래도 있는 재료로 대충 마련을 하고 간을 맞추는데 소금을 아무리 넣어도 간이 안 된다. 아무리 좋은 여러 가지 양념이 들어갔다 해도 음식에 간이 안 맞으면 먹을 수 없는 것 아니던가. 그런데 요즘 들어 부러 싱겁게 먹기를 작정했기도 하여 약간 싱겁게 간을 하려 했음에도 어찌 된 건지 소금을 넣어도 영 소금 맛이 나질 않는다. 조금씩 더 넣고 넣고 하길 수차례, 그런데도 간 맞추기엔 실패다. 그렇다고 계속 소금을 넣고만 있을 수는 없어 그냥 먹기로 하는데 영 맛이 없다. 배부르게 먹기는 했지만, 끼니를 때운 것 같지가 않다. 왜 소금을 넣어도 간이 맞질 않았을까. 짜지 않는 소금은 없겠지만 요즘 사람들의 다양한 기호에 맞춰 가공된 소금이어서 내가 원하는 염도를 맞추려면 더 많이 소금을 넣어야 했을 수도 있다.

하지만 내 기억 속의 소금은 아주 조금만 넣어도 짠맛이 확 도는 천일염이다. 햇빛을 받으면 수정처럼 빛나며 눈이 부신 보석 같은 결정체의 광물질이다. 소금 맛이 사실은 음식의 모든 맛을 결정하는 것이었다. 한데 그런 소금이 짠맛을 내지 못한다면 어찌 되는가.

나는 단순 담백한 맛을 좋아한다. 김칫국을 끓여도 김치 맛이 그대로 나야 좋아하고 된장찌개를 끓여도 된장 맛이 제대로 나는 것을 좋아한다. 그래서 김치찌개에 두부를 넣거나 다른 양념을 넣는 걸 좋아하지 않는다. 된장찌개에 멸치를 넣는다거나 하는 것도 좋아하지 않는다. 담백한 그만의 맛을 즐긴다. 그러나 그 모든 것에도 간이 맞을 때 맛이 있다는 말이 나온다.

그러고 보면 우리 음식상에서 소금이 들어가지 않으면 어느 것도 음식이 될 수 없지 않을까.

소금을 사전에서 찾아보면 밀도 2.168, 경도 2. 무색투명하고 때로는 색을 띠는 등축정계 광물이라고 설명되어 있다. 소금은 염화나트륨을 주성분으로 하는 짠맛의 조미료로 식염이라고도 한다. 소금은 몸의 체액에 존재하며, 삼투압 유지에 중요한 구실을 하는데 체액이 알칼리성을 띠도록 유지하고 산과 알칼리가 완충물질로 평행을 유지하게 하는 것으로 사람이나 짐승에겐 절대로 필요하다고 한다.

바닷물의 약 3%가 염분으로 이루어져 있어 삼면이 바다인 우리나라에선 아주 쉽게 구할 수가 있을 것 같지만, 인건비의 상승 등으로 천연적인 방법 외에 인공 생산이 많아지고 있단다.

소금은 인간의 생명과 밀접한 관계를 갖는 광물자원으로 인류는 오래전부터 소금을 얻기 위해 노력해왔다. 원시시대엔 초식 또는 육식동물을 잡아먹음으로써 소금을 공급받았으나 농경시대가 되면서 생리적 요구를 만족시킬 만큼의 소금 공급이 어려워지자 이를 만들어 내기 시작했고 그 결과 소금이 나는 지역이 무역의 중심지가 되었다. 심지어 소금은 봉급 대신으로 지급되기도 하여 화폐의 기능도 했다.

소금은 단순히 방부제와 조미료의 성질뿐 아니라 청정[清淨]과 신성[神聖]의 상징으로 초자연적인 힘을 가진다고까지 생각했다. 해서 고대 이집트에선 시체를 소금물에 담가 미라의 부패를 막았고, 계약의 증표로도 삼았으며 우리나라도 나쁜 것을 쫓는데 소금을 뿌리는 습관이 있지 않던가.

소금은 변하지 않는다. 뿐만 아니라 다른 것이 변하는 것이나 썩는 것도 막아준다. 그러면서 음식의 맛을 내는 데 결정적 역할을 한다.

나는 비교적 짜게 먹는 편이다. 근래 들어 싱겁게 먹으려 애쓰지만, 본래의 입맛은 쉽게 바꿀 수 없나 보다. 사람마다 맛의 감각이 다르다. 그러나 어떤 입맛도 소금이 들어가지 않고도 맛있는 음식이 되진 못한다. 그만큼 소금은 모든 맛의 기본이요 기준이 된다. 오늘 내가 만든 음식에서 간 맞추기를 못한 것은 아마도 용도에 맞는 소금을 선택하지 못한 데서 온 실수일 것이다. 단맛이나 신맛으로 맛을 내는 음식에 시늉처럼 넣는 소금이 아녔을까 싶다. 내가 필요로 하는 소금이 아닌 소금이다.

우리 삶에도 이런 맛내기가 많을 것 같다. 내 입맛에 맞다고 짜게 하거나 싱겁게 하여 다른 사람을 힘들게 하지는 않았을까. 내가 좋아하지 않는다고 무조건 못 하게 한 것은 없었을까. 생각해 보니 알게 모르게 빚어졌던 내 횡포가 만만찮았을 것 같다. 내 맛내기의 횡포, 폭력을 인정해야 할 것 같다.

내가 만들었다고 내 입맛에 맞춰 놓고 다른 사람에게도 내 입맛을 강요하거나 남이 만든 것도 내 입맛에 맞지 않는다고 거부하고 투정하며 성깔을 부렸을 수도 있다. 내가 약한 쪽이면 숨죽여 속으로만 삭일 수도 있지만, 조금이라도 내가 우위에 있다고 생각하면 거침없이 내 기분을 폭발시켰을 수도 있다.

삶의 맛내기란 서로의 조화 속에서 나의 특별함을 나타내야 하는 것이 아니었을까. 그러나 조금 낫다고 내 세상인 듯 남을 무시하고 거드름을 피운 것은 얼마나 많았을까. 그러고 보면 사람은 제각기 소용대로의 소금이 되어야 할 것 같다. 많으면 탈을 일으키기도 하지만 절대적으로 없으면 안 되는 것이 소금인 것처럼 그 소금이 들어가야 기본의 맛이 확보되는 것처럼 내 삶 또한 기본의 간 맞추기부터 시작해야 할 것 같다.

소금을 넣어 맛을 내는 것도 중요하지만 스스로 소금이 되어 주는 것이 더 필요하리라. 소용에 맞게 조금 또는 많이 들어가 주는 것도 좋겠고, 더러는 요즘처럼 가공된 소금으로 많이 넣어도 짜지 않는 건강 소금도 필요 하리라.

내 차엔 죽염 통이 있다. 가끔 한 알씩 꺼내 입에 넣고 가다 보면 입안이 개운해지고 정신도 맑아지는 것 같다. 삶 속에 나를 나답게 하는 것 또한 맛내기와 같다는 생각을 하는 것은 지나친 것일까.

아내가 없는 주방에서만 내 맛내기가 서툰 것은 아닐 것이기에 새롭게 펼쳐진 한 해 앞에 나는 더욱 조심스럽다. 나다움을 지키는 내 맛내기는 내가 소금이 되는 것이란 생각이 자꾸만 졸고 있는 내 생각을 흔들어 깨운다.

삶의 맛내기란 서로의 조화 속에서 나의 특별함을 나타내야 하는 것이 아니었을까. 그러나 조금 낫다고 내 세상인 듯 남을 무시하고 거드름을 피운 것은 얼마나 많았을까. 그러고 보면 사람은 제각기 소용대로의 소금이 되어야 할 것 같다. 많으면 탈을 일으키기도 하지만 절대적으로 없으면 안 되는 것이 소금인 것처럼 그 소금이 들어가야 기본의 맛이 확보되는 것처럼 내 삶 또한 기본의 간 맞추기부터 시작해야 할 것 같다.

길눈

오늘도 전철을 탄다. 일 년 넘게 오고 간 길이다. 그런데 여전히 오늘도 꺾인 화살표 앞에서 당황하며 머뭇거린다. 화살표의 방향이 내 인식 속으로 바로 들어오지 않는 것이다. 얼마큼 어디로 가다가 꺾어 가라는 것인가. 결국, 한참을 두리번대다 겨우 길을 잡아 나아간다.

종로3가는 내가 1호선에서 5호선으로, 5호선에서 1호선으로 갈아타는 곳이다. 그런데 늘 헤맨다. 늘 다니는 길인데도 그렇다. 아니다. 매일은 아니고 강의를 위해 일주일에 한두 번씩 오고 가는 길이다. 그래도 그렇지 일 년을 훨씬 넘게 다닌 길인데 아직도 헤맨다는 것은 분명 문제가 있다.

난 참 길눈이 어둡다. 길눈이란 한 번 가 본 길을 잘 익혀 두어 기억하는 눈썰미다. 물론 꼭 길눈만이진 않을 것이다.

세상을 살면서 내가 생각해도 둔하고 답답하고 모자란다고 느끼는 것이 한둘이 아니다.

어떻든 길눈이 어두운 나는 늘 두렵고 고생도 한다. 요즘은 내비게이션의 도움을 받기 때문에 차를 몰고 나가면서도 큰 걱정은 않지만 아무리 기계의 도움을 받아 가본 길이라 해도 한 번 가 본 길은 어느 정도 기억할 만한데 처음 길처럼 생소해 하는 게 나다. 그러면 내비게이션도 없을 때는 어쨌을까. 그땐 지도를 보며 미리 공부하고 아는 사람에게 묻기도 해서 사전 준비를 많이 했었다. 그래선지 처음 가는 길은 오히려 잘 찾아갔다.

아내는 그런 나를 신기해했다. 그런데 한 번 가본 길을 다시 가게 될 땐 틀림없이 헤매곤 했다. 그런 나를 아내는 길치라 했다. 그러나 길치란 말엔 동의할 수 없다. 길치란 길을 제대로 찾지 못하는 사람이 아닌가. 하기야 다른 사람에 비해 방향감각이 떨어지는 것은 분명하다. 하지만 사전에 갈 길에 대한 예비지식이 없었을 뿐이고 한 번 가봤다고 건방을 떤 준비성 없음과 내 무모함일 뿐이다.

가만히 생각해 보니 내 삶 중에도 그런 일이 많았던 것 같다. 조심스럽게 겸손하게 두근대는 가슴으로 준비했을 때는 일이 잘되었지만 조금 자신 있어 하고 그 정도쯤이야 하며 나를 믿었을 땐 어김없이 실패하곤 했다. 그렇고 보면 모든 게 내 마음이 어떻게 임하는가에 따라 결과가 주어지는 것 같다. 좀 더 주의 깊게 보면서 다니고 성의껏 준비한다면 시간도 기회도 잃거나 놓치지 않았을 일이 많았을 것 같다. 세상일이란 나를 위해 기다려 주는 것이 아니라 내가 준비하고 기다릴 때 기회라는 이름으로 와주는 것일 터였다.

천부적으로 길눈이 밝은 사람도 있을 것이다. 그러나 길눈이 밝다고 좋은 길을 찾는 건 아니리라. 너무 잘 알아서 손해 보는 경우도 있고 몰라서 득을 보는 경우도 있는 것이 삶이 아닌가. 같은 길을 지나갔는데도 누구는 보았다고 하고 누구는 보지 못했다고 하는 것처럼 결국 어떤 삶의 선택도 자기 선택일 수밖에 없고 그렇기에 그 또한 소중할 수밖에 없음이리라.

그렇고 보면 지금까지 살아온 내 삶을 봐도 내가 답답해하고 서운해한 것이 많지만, 그 또한 내가 사랑해야 할 내 길이었던 것 같다. 이재理財에도 밝고 세상을 보는 감각도 뛰어나 기회를 잘 포착하여 남보다 많은 것을 쉽게 얻는 사람이 뛰어난 사람일 수도 있지만 내 분수를 알고 그만큼에 만족하며 감사해 하는 삶도 귀하다고 생각된다.

딸아이를 보면서 나는 곧잘 답답함을 느끼곤 한다. 요즘 아이들 같지 않게 약지 못해 어수룩해 보이고 그래서 늘 손해를 보는 것만 같다. 조금만 더 제 이익을 생각하면 더욱 빨리 힘을 얻을 것도 같은데 고지식하기 이를 데 없는 아이를 보면 내 속이 먼저 터지고 만다. 그런데 지나고 보면 아이가 나보다 훨씬 지혜롭고 바르게 행동했다는 것을 확인하곤 한다.

그렇고 보면 세상을 더 오래 살았다고 해서 더 현명하고 더 많이 아는 것도 아닌 것 같다. 조금 돌아가는 것 같고 조금 손해 보는 것 같아도 그것이 자신의 길이라고 생각하면 기쁘게 나아갈 때 오히려 그런 마음이 세상을 제대로 사는 것이란 생각도 든다.

물론 천부적으로 뭐든 잘하는 사람이라면 좋겠지만 그렇지 못한다고 해도 어쩔 수 없다. 그만큼 더 열심히 그리고 성실히 자신의 길을 찾아내고 좋은 길을 찾기 위해 노력하면 된다. 그렇게 하면 뒤떨어지고 후회할 삶은 되지 않는다는 것을 삶의 경험으로 알게 됨이다.

내가 길을 잘못 들고도 옆에 앉아 뭐 했느냐고 아내에게 책임을 전가하다가 한바탕 입씨름을 하는 경우도 있지만, 그 또한 살아가면서 아옹다옹 정을 엮는 일이란 생각도 든다.

모자란 것이 있어야 도움도 줄 수 있지 않던가. 내 길눈 어둠은 늘 겸손하고 근면하게 매사에 임하라는 신의 섭리다. 나이 욕심을 헤아리고도 잃거나 놓치길 잘하는 내가 때로는 싫기도 하다. 하지만 그게 오히려 나를 나답게 하고 다른 사람을 생각하거나 우러르게 하고 그만큼 내 부족함을 채우게 하는 약이 된다면 어찌 그걸 감사하지 않으랴. 그러고 보면 아내도 딸도 모두 내 어두운 길눈으로 세상 살기의 스승이다.

길눈이 밝지 못한 사람도 조금 늦기는 하겠지만 약속한 곳에는 다 이르는 것 아니던가. 그런 나를 위해 내비게이션이란 문명의 이기도 준비된 것이련만 그럼에도 내 길눈은 여전히 방황을 거듭한다. 그게 나의 나됨이라는 듯.

오늘도 전철을 탄다. 일 년 넘게 오고 간 길이다. 그런데 여전히 오늘도 꺾인 화살표 앞에서 당황하며 머뭇거린다. 화살표의 방향이 내 인식 속으로 바로 들어오지 않는 것이다. 얼마큼 어디로 가다가 꺾어 가라는 것인가. 결국, 한참을 두리번대다 겨우 길을 잡아 나아간다.

그냥

"이 밤중에 웬일이냐?"

"그냥요." "그냥?" 내 대답이 신통찮았는지 장인어른께서 반문을 하신다. 그리곤 '그냥이라고!' 혼잣말처럼 하시더니 자정이 넘어 찾아온 딸과 사위가 가져온 것들을 주섬주섬 꺼내 보면서 "이건 다 뭐냐?" 하신다.

"그냥요." 내가 또 그냥이란다. 뭐가 그냥이란 말인가. 하지만 장인어른도 이제는 더는 반응을 안 하신다. '그냥'으로 다 통한 것 같다.

요즘 세상은 너무 다양하고 복잡하다. 복잡하다는 것은 정확을 요한다는 말도 된다. 다양하고 복잡하기 때문에 무어든 확실히 해야만 한다. 대충 넘기거나 넘어갔다간 큰코다친다. 그러다 보니 쉽게 간단하게 설명할 수 없는 것들이 너무 많다. 분명하고 정확하게 해야 한다. 그러나 이해하려고만 들면 더없이 간단하고 쉬운 것일 수 있다. 묻고 답하는 말도 내가 알아들었다는, 그 말의 뜻이 무엇인지 알겠다는 의미만 전달되면 된다.

그냥이란 말 속엔 '대충'과는 다른 뜻으로 여러 가지 의미들이 담겨 있다. 좋다 나쁘다의 중간도 그냥이다. 많은가 적은가의 중간도 그냥이면 된다. 잘 지내느냐고 물어도 '그냥'이라 대답하면 되고, 건강이 좋아졌느냐고 물어도 '그냥'이라 하면 된다. 그냥이란 말 속엔 좋아졌다는 뜻과 좋아지진 않았지만, 더 나빠지지는 않았다는 뜻이 상존한다. 정확히 대답하고 싶지 않다는 뜻도 포함된다. 그런데도 기분 나쁘지만은 않은 대답이 된다.

우리 삶에도 그냥이면 되는 게 너무 많다. 그런데도 사람들은 '그냥' 하면 자기를 무시한다고 생각한다. 차거나 덥거나, 좋거나 싫거나 둘 중 하나를 택하라고 한다. 기면 기고 아니면 아니라고 하라 한다. 하지만 세상일이 어찌 2분법으로 모든 것을 나눌 수 있으랴.

장인어른이 아내와 내가 가져온 것들을 하나씩 포장을 풀고 점검하듯 맛을 보신다. "맛있어요?" 내가 물었더니 이젠 '그냥'도 아니다. 나를 한 번 힐끗 쳐다보시고 만다. 그뿐이다.

내가 '그냥'이라고 한 것에 대한 불만의 표출이신가. 아니다. '뭘 그런 걸 다 묻냐.'의 의미 같다. '맛있지 그럼 맛없겠냐? 너희가 맛도 없는 걸 사왔냐? 그런 걸 묻는 거라고 묻는 거냐?' 그러시는 것 같다. 그냥이란 말조차 하지 않았는데도 이렇게 생각이 통하지 않는가.

초등학교 동창 중에 대학을 졸업하면서 바로 약국을 개업한 친구가 있다. 친구는 입이 무겁다. 어렸을 때도 어른스러웠지만, 나이가 지긋한 지금은 더 어른스럽다. 어쩌다 만나거나 전화를 걸어 어떻게 지내느냐고 하면 늘 '그냥'이라고 답한다. 나는 그 그냥이란 말만 믿고 그가 여전히 잘 지내는 줄 알았다. 그런데 그의 '그냥' 속엔 친구에게까지 자신의 어려움을 알리지 않으려는 마음이 들어 있었다.

다른 친구를 통해 들은 얘기로는 30년간 약국을 해서 모은 돈을 보증을 잘 못 서주어 다 날려버렸단다. 그런데도 그는 내게 '그냥'이라고 했던 것이다. 한 편으론 많이 서운했다. 내가 어떤 도움을 줄 것도 아니면서, 내게 말을 하자면 또 아픈 상처가 터질 것인데도 그의 어려운 사정을 내가 모르고 있었다는 것에만 화가 났고 나에게만 모르게 한 것 같아 그에게도 화가 났다. 하지만 그의 속마음을 아는 나로서 그가 내게 할 수 있었던 말은 역시 그냥밖에 없었을 것 같다.

'그냥'이란 말을 사전에서 찾아보면 부사로 더 이상의 변화 없이 그 상태 그대로, 그런 모양으로 줄곧, 아무런 대가나 조건 없이 등의 뜻이다. 그러나 내가 사용하고 이해하는 '그냥'은 그보다 훨씬 더 많은 뜻을 포함한다. 현상유지보다 훨씬 잘 되고 있는 상황도 그냥이고, 많이 나빠졌지만, 곧 좋아질 것을 기대하며 크게 걱정하지 않는 것도 그냥이다.

그냥은 내 나이쯤의 세대가 살아온 삶의 분위기였다. 하나 같이 어렵고 힘들기만 했던 날들을 하루하루 살아가면서도 오늘보다는 나을 내일, 더는 나빠질 것이 없을 내일이기에 절망보단 희망을 더 가까이할 수 있었는지 모른다. 그런데 요즘의 삶들을 보면 너무나 똑똑하고 정확해서 조금의 미련이나 여유조차 가져볼 수 없게 살벌한 느낌이 들곤 한다. 사나흘, 두어 되, 대여섯 개 등 정확하지 않아도 얼마큼인지를 충분히 알아듣던 그런 셈법의 여유로움까지도 사라져버렸다는 아쉬움이다.

장인어른께서 아이들 소식을 물으신다. 나는 또 "그냥요." 한다. 그렇다. 덜할 것도 더할 것도 없이 잘 지내고 있는 딸 내외와 두 손녀다. 미국의 아들 내외도 요즘엔 전화가 뜸하다. 바쁘기도 하겠지만, 시차를 맞추기가 어려우니 전화하기도 쉽지 않을 게다. 아마도 내가 전화를 하여 별일 없느냐고 물으면 녀석도 '그냥요.' 할 게다. 그런데 다른 어떤 많은 말보다도 그 한마디가 오히려 정겹고 편안하다. 특별히 좋은 일은 없지만 나쁜 일도 없다는 것이니 얼마나 감사한 일인가.

시계를 보니 미국은 저녁 8시쯤 되었을 것 같다. 문득 전화를 한 번 해 보고 싶어진다. 아이들에게 할아버지 목소리를 들려주면 좋아할 것이다. 신호가 간다.

아마 틀림없이 '잘 지내니?' 하고 내가 물으면 아들 녀석은 '그냥요.' 할 게다. 그냥, 그래 그냥만큼 그렇게 살아주는 것도 얼마나 고마운가. 그래 나도 그냥이다.

아내의 여행

아내가 미국엘 다녀오자고 한다. 하지만 날줄과 씨줄로 나를 얽어메고 있는 것들에서 헤어날 수가 없다. 아내는 그러면 자기만 가겠단다. 평생 일만 하고 살았으니 한 달 휴가를 달라고 했다. 하기야 그럴 자격이 충분히 있다. 아내는 27년간의 직장생활을 마감했다. 나도 그렇지만 그동안 변변히 휴가 한 번 다녀오지 못한 게 사실이다.

물론 여행을 안 한 것은 아니다. 지금 가자고 하는 미국만도 7년 전에 나와 함께 보름여 다녀왔었고, 지난 8월엔 손녀의 백일이라고 역시 나와 함께 2주간 다녀왔었다. 동남아에 재작년엔 자기 친구들과 터키여행도 다녀왔다. 그러나 그건 진정한 자신만을 위한 휴가는 아녔다는 아내의 말엔 부정도 할 수 없다.

사실 요 며칠 아내의 마음이 들뜨는 것이 눈에도 보였다. 아들 내외와의 화상통화가 끝나면 녹화해 놓은 손녀의 동영상을 틈만 나면 보곤 한다.

좋은 세상이다. 그 머나먼 지구 반대편에 있는데도 소리만이 아니라 직접 모습까지 보며 대화를 나눌 수 있다니 이 얼마나 대단한 문명의 혜택인가. 그런데 그게 더 문제인 것 같다. 바로 앞에서 보는 것처럼 까르르 웃고 대답도 하고, 일어서다가 넘어지기도 하는 손녀를 가슴에 안아보고 싶은 욕심이 생긴 것이다. 어미가 주는 걸 제비처럼 입을 벌리고 받아먹는 모습이며 제 부모라고 알아보는 것을 보면서 아내는 마치 전혀 아기를 키워보지도 않은 것처럼 신기해한다.

전에는 직장 때문에 시간을 낸다는 것을 엄두도 못 냈지만 이젠 그것도 가능케 되었으니 한시라도 빨리 달려가 안아보고 싶을 만도 하다. 지난번 백일 때 갔을 땐 겨우 뒤집기를 시도하고 있었는데 어느새 혼자 앉았다 일어서기도 하며 기분이 좋으면 소리도 마구 질러대는 아기를 보니 사실 나도 가서 안아주고 싶다.

더구나 아들네는 얼마 전 그간 있던 LA에서 시카고로 옮겨 갔다. 시카고엔 아내의 고모님 내외도 계시고 조카도 살고 있다. 아내의 마음은 여행을 향해 급물살을 타며 내 눈치를 살핀다.

하필 지난여름에도 가장 왕래가 잦을 때라 어렵고 비싸게 항공권을 구했었는데 이번은 그보다도 더한 것 같다. 겨우 표 하나를 구했다. 비수기의 갑절 가격이다. 표가 되었다 하니 아내의 마음은 벌써 시카고에 가있는 것 같다. 그러나 정작 아내가 말한 자기만을 위한 여행이 될지는 나도 모르겠다.

요즘 들어 나도 여행에 대한 생각을 많이 한다. 시간이 없는 것은 예나 지금이나 마찬가지다. 결국, 내 삶의 시간표 속에 무엇을 넣고 뺄 것인가는 내가 결정할 문제다. 무엇이 우선이고 무엇이 필요한 것인지 그 판단도 내 몫이다. 그런데 늘 넣는 것도 빼는 것도 잘하지 못하는 게 내가 아닌가 싶다.

나이가 들면 넣는 것보단 빼는 것을 잘해야 된단다. 그래야 분수에 맞게 살 수 있고 남의 미움을 받지 않고 감당할 만큼의 삶의 무게로 조절도 할 수 있단다. 그러고 보면 여행이란 이 모든 것을 위한 실습일 것 같다. 떠나는 연습, 놓아보는 연습 그리고 얼마간이지만 나를 혼자이게 했다가 다시 여럿 속에 들게 하는 훈련, 결국 언젠가 한 번은 떠나게 될 길고 먼 여행의 연습이랄까.

내 여행은 몇 가지 주제를 담고 싶다. 잊혀져가고 있는 옛 모습들을 찾아보는 것도 있고, 오래되어 옛이야기를 많이 품고 있을 고목古木이나 고가古家나 오래된 교회당들을 찾아보고도 싶다. 그래서 그들이 들려주는 이야기들을 들어보고 싶다. 사람이 아닌, 말 못하는 것들에게서 들을 수 있는 이야기들을 듣고 싶은 것이다.

아내는 다르다. 아내는 참으로 어려운 때, 힘든 삶의 날들을 살아왔다. 남자인 나보다 훨씬 더 많은 고통과 슬픔과 아픔을 이겨내며 살았을 것이다. 그래서 아내의 삶은 여정旅程이기보다 치열한 싸움이고 연단이었다. 해서 아내는 이번에도

아들네가 있는 곳이라는 목적지를 정하긴 했지만 얽매임 없는 진정한 자기만의 여행을 한 번 떠나보자 함일 것이다. 그러나 그걸 바라보는 내 눈엔 여전히 아내는 자유로움이란 이름이긴 하지만 오히려 스스로 얽매임 당하는 구속의 즐거움을 누리고 싶어 하는 것 같다.

자유로움이란 결국 가장 완벽한 구속당함이고 그것은 사랑이 아니겠느냐는 생각이다. 그렇다면 여행도 삶에서 벗어나거나 떠남이 아니라 또 다른 새로운 삶의 덫에 스스로 걸려들어 가는 것이 아니고 무엇이랴.

사실 나 또한 늘 그렇게 말하곤 했다. 자유로운 여행, 나로부터의 해방, 아무도 나를 모르는 곳으로의 탈출이라고. 한데 아내를 보니 그게 아니잖은가. 그가 원하는 자유로움은 보고 싶은 때에 보고 싶은 사람에게 달려가서 만나고 그와 함께하는 것이지 않은가. 어디론가 떠나는 것이 아니라 어디론가 가서 무언가를 만나는 것 그게 바로 여행이라는 말이다.

나도 모르겠다. 아내가 여행 준비를 하는 동안 혹 내 마음도 급박하게 변해서 어떻게 표를 구해 함께 하게 될지도. 어떻든 혼자가 되건 둘이 되건 아내의 이번 여행길은 아내에게 있어서 값진 선물이요 두둑한 보너스가 되었음 싶다. 그래야 같이 못 가더라도 내 마음도 조금은 가벼워질 것 같다.

여행 이야기가 나오면서 방 한쪽에 꺼내 놓은 가방이 아내가 만날 아기 얼굴처럼 웃고 있다. 남편을 혼자 두고 떠나는 여행인데도 즐거워만 하는 것 같아 내심 서운함이 없지도 않지만 평생 미안함뿐인 아내에게 이번만이라도 서운한 기색 보이지 않고 기쁜 마음으로 잘 다녀오라고 해야겠다. 그런데도 자꾸만 까르르 웃는 손녀의 목소리가 이명耳鳴처럼 귀에 울리고 웃는 얼굴이 눈에 아른거리니 이를 어찌해야 할지 모르겠다.

사락사락

칠흑같이 어두운 밤인데 이상스레 밖이 밝아진 듯싶다. 잠결에 떠진 눈으로 창문에 붙은 유리를 통해 바깥을 내다본다. 까만 어둠만일 줄 알았던 밖이 하얗다. 어둠 속에서 빛나는 밝음, 조심스레 문을 연다. 와, 세상이 언제 이렇게 하얗게 변해버렸나. 그런데 눈치곤 좀 이상하다. 그러고 보니 싸라기눈이다. 그랬구나. 잠결에 들리던 사락사락 소리, 싸라기눈이 내리는 소리였구나.

주섬주섬 옷을 걸치고 마당으로 내려선다. 싸락눈이 고무신 바닥에 밟히자 간지럽다는 듯 이리 꼬고 저리 몸을 꼬는 통에 내 발이 미끄럽다. 한 발짝 내디디자 사박 또 한 발짝 내디디자 사박, 내 작은 발이 내디뎌질 때마다 사박사박 싸라기눈이 밟히며 소리를 지른다.

내 신발 위로도 내 머리 위로도 싸락눈이 내린다. 신발과 땅에 내리는 것들은 사락사락 소리를 낸다. 그런데 자세히 들으니 내 발이 움직일 때마다 나는 소리도 사락사락이다.

내 기억 속에 남아있는 사락사락이란 이 말은 지금도 어린 날 눈 내리던 그 밤을 떠올린다. 하얀 싸락눈이 사락사락 내리고 그 위를 사박사박 걸으며 어린 마음에 담던 정서는 무엇이었을까. 나는 그 사락사락 소리가 좋아 싸락눈이 내리기만을 손꼽아 기다리기도 했었다.

그런가 하면 또 하나의 사락사락 소리의 기억이 있다. 외할머니는 외출 시엔 빳빳이 풀 먹인 치마를 입으셨다. "할머니 어디 가실라고요?" 내가 물으면 "장에 가지 어디 가겄냐." 네 속 다 안다는 듯 대답을 하셨지만 내 마음은 벌써 할머니를 따라갈 구실거리를 열심히 찾는 중이었다. 할머니의 치마가 움직일 때마다 나던 사락 소리는 어린 내게 신나는 시골 장날 구경거리를 지금도 눈앞에 아른거리게 한다.

사락사락 사락사락, 새삼스레 싸락눈이 내리던 어린 날과 할머니의 치맛자락 움직이는 소리가 내 마음을 흔드는지 모르겠다. 이 나이 내 마음속에 그때 그 싸락눈 같은 그리움이 쌓이는 소리일까. 때늦게 할머니가 그리워진 것일까.

어처구니

그 아이 별명은 어처구니다. 내가 붙여준 것이다. 그가 다섯 살쯤이었을까. 무심코 지나는데 '어처구니없어!' 하는 소리가 들렸다. 고개를 돌려보니 아이만 하나 서 있었다. 하지만 아직 그런 말을 쓸 만한 나이가 아니었다. 그러나 평소에도 나이답지 않게 워낙 말을 잘하던 아이인 것을 알던 터라 "네가 그랬니? 어처구니라고?" 하니 그냥 말똥말똥 쳐다보기만 했다.

"너, 어처구니란 말이 무슨 뜻인지 아니?" 내가 다시 물었지만, 그는 여전히 나를 빤히 쳐다보기만 했다. 아무리 생각해도 아이에겐 어울리지 않는 어렵고도 생소할 말이다.

어처구니란 '없다'와 함께 쓰이면서 아주 뜻밖이거나 한심해서 기가 막힘을 이르는 말이다. 하도 어처구니없는 일을 당해 기가 막혀 울 수도 웃을 수도 없다고 할 때와 같은 때 쓰는 말이다. 그런데 아이는 분명 아주 천연덕스럽게 '어처구니없어'라고 했다. 어떤 일을 보았기에, 무엇이 그 아이를 어처구니없게 했을까. 여하튼 나는 그때부터 그 아이를 어처구니란 별명으로 불렀다.

어처구니란 말을 떠올리면 할머니가 생각난다.

어린 날, 그 날도 할머닌 나를 불러 맷돌질을 하자 하셨다. 할머니는 가끔씩 다른 손으로 돌아가는 맷돌의 입에 콩을 한 줌씩 넣곤 하셨다. 나는 돌리는 것보다 그렇게 구멍에 콩을 집어넣는 것이 더 재미있을 것 같았다. 나도 하겠다고 했더니 할머니는 해보라고 하셨다. 하지만 눈으로 볼 때처럼 쉽지가 않았다. 돌아가는 맷돌의 입에 제대로 맞춰 넣는 것도 어려웠지만, 손잡이에 부딪혀 하마터면 손을 크게 다칠 뻔했다. 손에 쥐었던 콩은 사방으로 흩어졌다.

콩 넣기를 포기하자 맷돌을 더 빨리 돌려보고 싶어졌다. 해서 속도를 높이고자 한껏 힘을 주자 손잡이를 잡은 할머니와의 박자가 깨어지면서 손잡이가 흔들리는가 싶더니 툭 빠져버렸다. 빠진 것을 다시 끼워봤지만 한 번 돌리자 힘없이 다시 빠져버렸다. 어떻게 해 볼 수 없이 결국 외출하신 할아버지가 돌아오기만을 기다릴 수밖에 없었다. 그 맷돌 손잡이를 어처구니라 했다.

어처구니가 없는 맷돌로는 아무것도 할 수가 없었다. 할머니는 쯧쯧 혀를 차시며 나를 나무라셨다. "사람이 좀 진득해라. 서둘러선 아무 일도 못 한다." 할머니는 빠진 어처구니를 만지며 "하기야 몇 년이냐. 내가 시집오기도 전부터 쓰던 것이니 참으로 오랜 세월을 잘도 버텨주었구나." 혼잣말을 하셨다. 어처구니가 빠져버린 맷돌은 맷돌일 수 없었다.

어쩌면 세상을 움직이는 힘도 어처구니 같은 데서 나오는지 모르겠다. 작은 힘으로부터 나오는 큰 힘이 제대로 된 힘이 아닐까. 그런데 그때 아이는 무슨 일을 보았기에 어처구니없다 했을까 새삼 궁금해진다. 아이의 눈에 보인 어처구니없는 일, 아이가 보기에 어처구니없는 세상이란 과연 어떤 모습이었을까. 그러고 보면 나도 이 나이 되도록 살아오면서 어처구니도 없이 맷돌을 돌리려 한 건 없었을까. 잘 돌아가는 맷돌의 어처구니를 빼버려 할머니를 난감하게 만들던 나, 순리를 무시하고 내 억지, 내 고집을 부려 어처구니를 빼버린 적은 또 얼마나 많았을까.

어처구니란 별명을 갖게 되었던 아이도 어느덧 초등학교 2학년이 되었다. 그러나 그를 볼 때마다 그때의 '어처구니없어'

가 생각나며 다시 물어보고 싶은 마음이 마구 일어난다. 하지만 혹시라도 그가 보았던 어른들의 어처구니없는 모습을 잊을 만한데 다시 일깨워 주는 일이 될까 봐 입을 다물고 만다.

어처구니를 빼버린 내 방정 때문에 혀를 차던 할머니의 '사람이 좀 진득해라. 서둘러선 아무 일도 못 한다.'는 말씀이 이명처럼 귀를 울린다. 내가 그러지만 않았다면 더 오래도록 아무 문제 없이 썼을 할머니의 맷돌 어처구니처럼 나도 삶을 더욱 잘 건사할 순 없을까. 오늘에 이르러서도 할머니의 손에 든든한 어처구니로 박혀있는 손자의 모습이지 못한 것 같아 나도 몰래 얼굴이 붉어진다. 거기에 그거 보라는 듯 아이의 '어처구니없어.' 소리가 겹쳐 들려온다. 그러고 보니 내가 생각해 봐도 나란 인간은 참 어처구니없는 것 같다. 이 나이가 되었는데도 몫도 자리도 제대로 지킨 게 없으니 말이다.

외롭지 않은 삶

—내가 꿈꾸는 세상

요즘 들어 시골에 가 살 생각이 없느냐는 질문을 심심찮게 듣는다. 전 같으면 '그렇다.'라고 쉽게 대답을 할 텐데 요사이 자꾸 생각이 바뀌는 것 같다. 아내도 시골로 내려가 살자고 나를 설득한다. 하지만 나는 왠지 자신이 없다. 우선 시골에 가도 일을 할 수 없을 것 같기 때문이다.

사실 며칠 전에도 시골엘 다녀왔다. 과일나무 몇 그루를 베어낸 자리에 고구마 몇 두렁을 심었는데 내려간 김에 그걸 좀 캐오기로 했다. 한데 황토인 데다 얼마나 고구마들이 깊이 뿌리를 내렸는지 삽을 깊숙이 박고 파내어도 온전하게 캐내지지 않고 꼭 끝이 잘리고 만다. 그렇게 겨우 한 두렁을 캤는데 심는 일도 어렵지만 거두는 일 또한 이리 힘드니 나는 농사짓는 체질은 못 되는 것 같다.

아내는 농사일은 자기가 하겠다지만 그게 어디 될 법한 말인가. 내 성미에 일은 잘 못 한다 해도 보고만 있지는 못할 것이고 막상 나서면 쉬엄쉬엄도 못 하는 성격이니 하루 일을 하고 나면 며칠은 앓아눕기에 십상이다. 그러나 그보다 더 큰 일은 시골에서의 외로움을 견뎌낼 자신이 없다는 것이다. 해만 지면 사방이 어둠에 갇히고 적막과 고요가 천지를 덮는 시골의 밤은 처음 며칠은 좋을지 몰라도 금방 견디지 못할 것 같다.

사람은 참 변덕스러운 존재인 것 같다. 나 또한 젊은 날엔 나이 들면 시골에 가서 살겠다고 입버릇처럼 말했었다. 그래서 여러 가지 꿈도 꾸었다. 그 꿈이 아주 사그라진 것은 아니지만, 그때의 용기도 막상 당면하니 슬그머니 사라져버린 것이다.

큰 서까래를 삼각으로 하늘 높이 올린 고깔모자형 집을 짓고 싶었다. 벽은 황토 벽돌로 하고 안에는 칸막이를 하지 않아 그냥 훤하게 터진 곳에 큰 앉은뱅이책상을 하나 놓고 책도 책장 없이 빙 둘러가며 쌓아놓고 싶었다. 자연 채광이 되도록 지붕을 뚫어 하늘이 보이게 하고 침대 대신에 평상을 놓고 바닥은 황토 온돌에 볏짚을 깔고 그 위에 왕골 돗자리를 깔아 폭신한 바닥이 되게 하고 싶었다. 계절 따라 쑥이며 꽃을 따다 말려 돗자리 밑에 깔아 은은하게 자연의 향기가 스며나게 하고, 한쪽엔 사시사철 차를 끓여 먹을 수 있게 자리를 만들어 차향이 감돌게 하고 싶었다. 때로는 장난삼아 다듬이질도 해 보게 다듬잇돌과 방망이도 마련해 놓고 화로도 하나 놓아 겨울이면 화롯불에 밤이나 고구마를 구워 먹는 맛도 보고 싶었다. 슬리퍼 대신 짚신을 신고 창문엔 창호지를 넓게 발라 문풍지 떠는 소리도 듣고 싶었다.

그런데 그런 젊은 날의 꿈이 나이가 들면서 사라져버렸다.

이유는 딱 하나 외로움을 감내할 자신이 없다는 거였다. 사실 나도 잘 모르겠다. 왜 갑자기 외로울 거라는 생각부터 하게 된 건지. 아내가 있고, 가끔씩 찾아주는 이도 있을 테고, 풀벌레며 바람 소리에 댓잎 사운 대는 소리 등 벗할 것도 많을 텐데 왜 외로울 거라 지레 겁부터 먹는지 모르겠다.

한데 가만히 생각해 보니 그건 단순한 외로움의 문제만은 아닌 것 같다. 바로 지금의 인연들을 정리해야 한다는 부담감의 작용이었다. 하고 있는 일들, 늘 만나고 가까이하던 사람들, 바쁘다 바빠하면서도 시간 가는 줄 모르게 뛰어다니던 것들을 접어버리고 한가로울 만큼 여유로워졌을 때의 나를 지탱해 줄 그 무언가가 확실하게 보이지 않아서였다.

원래 나는 참 소심한 편이다. 아이들에게 한 번 야단을 치고 나면 삼 일은 힘겨워했다. 누구와 다투기라도 하면 풀어버리기까지 견디질 못한다. 그런 소심증의 사람이라 자꾸 두려움을 느낀 것이다.

하지만 그런 나를 추스르고 건사하며 비로소 내 향기를 내는 삶을 만들어야 할 때가 온 것 같다. 내면에서 일어나는 두려움과 불안을 누르고 평안한 내 공간을 만드는 일이다. 그러기 위해선 다른 사람에게로 눈을 돌리는 일이다. 닫아걸던 문고리부터 없애는 일이다. 나를 강하게 의식하지 않고, 다른 존재들 속에 있는 나, 아주 자연스레 그들 속의 나, 그들의 한 부분인 내가 되는 일이다. 그들의 삶을 내가 먼저 거들며 그들 속에 내가 있게 하는 일이다.

이만큼의 삶 동안 받은 사랑의 빚들을 조금씩이라도 갚아 가고 싶다. 그렇게 또 다른 바쁜 삶으로 서로가 서로를 사랑하고 베푸는 삶의 한편에서 세상을 돌리는 작은 톱니가 되는 것이다. 그래서 내가 꿈꾸는 세상은 나로 인해 아주 작게라도 감사의 마음이 돌게 하는 것이다. 내가 너에게 평화이고 네가 나에게 감사가 되는 소소한 행복을 느끼는 세상, 그런 세상을 나로부터 시작하여 그런 세상에 살고 싶음이다. 그러면 어찌 외로움이 느껴지랴. 시골과 도시, 사람의 많고 적음이 어찌 외로움이 되랴. 나는 항상 어디서든 한 부분이고 그래서 나는 나 자체로 인정되기보단 늘 '모두'나 '우리' 속의 지체로 있고자 함이다.

같은 하늘, 같은 땅에서 같이 숨 쉬고 사는 이 평화와 행복은 그런 마음으로부터 시작되는 게 아닐까. 나는 그런 세상, 그런 삶을 살고 싶다. 그런 삶을 살고자 한다.

'착한'에 대한 유감

차를 타고 가는데 '착한 낙지'라는 간판이 눈에 들어온다. 보니 낙지요리 전문점 같다. 그런데 착한 낙지? 어떻게 낙지가 착할 수 있을까. 하기야 <착한 살인자들>이란 영화 제목도 보았다. 어떤 경우에도 살인자가 착할 순 없는 건데 참으로 혼란스럽다.

언어는 시대 따라 변하는 것이긴 하지만 근래 들어 쉽게 이해되지 않는 언어 행위들을 보면서 영 마음이 개운치 못하다. 특히 '착한'이란 말이 요즘 마구 쓰이고 있는데 '착한'이란 말을 이렇게 아무 데나 붙여도 되는가. 한 TV 방송사는 <먹거리 X파일>이란 프로를 진행하고 있는데 '착한 식당' 찾기란다.

착한 식당, 식당이 어떻기에 착한 식당일까. '착한'이란 '사람이나 그 마음이 곱고 어질다', '언행이나 마음씨가 곱고 바르고 상냥하다'라는 뜻의 형용사다. 결국, 사람과 관련해서만 쓰일 수 있는 말이다. 그런데 어떻게 낙지가 착할 수 있고 식당이 착할 수 있는 것인가. 식당에도 마음이란 게 있을 수 있는가. 궁금해서 그간에 착한 식당으로 선정되었다는 곳들을 알아보았다.

방송사에서는 좋은 식재료만을 써서 양심적으로 음식을 만들어 판매하는 식당, 그날그날 신선한 재료를 써서 정직하게 영업을 한다는 식당을 찾아내서 검증단의 검증을 거쳐 착한 식당으로 선정했다는 데 맛도 있다지만 주인이 양심적으로 운영하는 식당들이었다.

유기농 재료만을 쓴다는 떡볶이집, 신선한 선지와 채소로 매일 직접 만든다는 순대, 국산 재료만을 쓰는 김치찌개, 대나무를 재사용하지 않는 대나무 통 밥집, 천연재료로만 손수 빚는 떡집, 친환경 유기농 김밥집, 금방 지은 밥만 고집하는 백반집, 그날그날 새 기름만 쓴다는 튀김집, 통밀을 천연발효시켜 만드는 빵, 화학조미료를 넣지 않는 짬뽕집 등이 착한 식당으로 선정된 곳이었다.

하기야 요즘처럼 먹을 것으로까지 장난을 치는 양심도 없는 사람들이 많은 세상에서 적은 이익에 번거로움을 감수하면서까지 양심적으로만 장사하는 집들이니 귀하지 않을 수 없다. 그렇지만 그런 착한 주인이 있다고 식당이 착한 걸까, 한데 더 문제는 우리가 이런 말의 사용에도 벌써 익숙해 져서 아무런 거리낌이 없고 전혀 거부감도 없이 받아들이고 있다는 점이다.

근래 '착한'이란 말이 붙어 쓰이는 것들을 보니 착한 고기, 착한 운전 마일리지, 착한 연애, 착한 전복, 착한 햄버거, 착한 여행, 착한 가게, 착한 기변, 착한 점심, 착한 가격, 착한 분양가 등 정말 다양하게도 사용되고 있었다.

그런데 '착한'이 아니면 뭐가 되는가. '착한'이 안 붙은 것은 모두 악하다는 말인가. 착하다는 말은 정말 좋기만 한 말일까. 그런데 내 기억 속의 '착한'은 좋은 의미가 아니었다.

딸아이는 세 아이의 엄마가 되었는데 결혼 전에 참으로 착하다는 말을 많이 들었다. 법 없이도 살 사람이니, 그보다 더 착할 수는 없다느니, 요즘 세상에 어찌 그렇게 착할 수 있느냐느니 하며 '착한'이 늘 따라다녔다. 그럴 때마다 오히려 내 마음은 불편했다. 착하다는 그 말이 반의적으로 받아들여져서 말은 그렇게 해도 그 말 속에 담긴 의미는 무언가 현실에 맞지 않는 사람이란 말로 일종의 비아냥거림처럼 들리고 이해되었기 때문이다.

내가 보는 아이는 남에게는 한없이 좋을 수 있지만, 부모인 내가 볼 때에는 속이 터져버릴 만큼 답답할 수밖에 없는 상황이었다. 다른 친구들은 열심히 돈도 벌고 자기 소망도 키워 가는데 결혼할 나이가 넘어가는데도 십수 년째 무료로 자폐아들을 위해 일을 했다. 그런 아이를 보면서 그건 결코 착한 것이 아니라 바보스러운 것이라고 아이를 윽박질렀다. 그런 내게 아이는 "나까지 그 일을 안 하면 저 아이들은 어떡하느냐."고 했고, 나는 "그 일을 왜 너만 도맡아 해야 하느냐."고 몰아붙였다. 사람들이 아이를 착하다고 하는 것이 '저 바보!' 하는 것으로 들렸다. 늘 손해 보고, 좋은 것은 다 빼앗기고 마는 그러면서 남이 안 하려는 것이나 나타나지 않는 일만을 해내는 아이에게 붙던 착하다는 말은 내겐 결코 듣기 좋은 말이 아니었다.

나도 어렸을 때 착하다는 말을 꽤 들었다. 그러나 내가 들었던 착하다는 말도 유쾌한 게 아니었다. 말썽 안 부리고 싸움 않고 학교 끝나면 바로 집으로 돌아오는 것에 대해 붙여진 거였다. 하지만 사실은 그 착함의 뒤엔 내 자존심도 내던지는 것, 내 분을 내뿜지도 못하는 억울함이 있었다. 할머니는 어떤 경우에도 싸움은 안 된다고 하셨다. 내가 잘못한 게 전혀 없고 너무 분하여 덤벼들었는데도 그 날 나는 종아리에 피가 맺히도록 매를 맞아 다음 날 걸음을 걸을 수 없을 정도까지 되었었다. 그것을 알기 때문에 나보다 어린아이들까지 나에게 함부로 덤벼들며 내가 대응이라도 하려 하면 할머니께 이르겠다고 하며 나를 겁주곤 했다. 그래서 생각해 낸 것이 그들을 피해 빨리 집으로 돌아와 버리는 것이었다. 그러다 보니 말썽을 부리는 아이들 속에 늘 나는 없어서 착한 아이가 되어 있었지만 난 그게 너무나도 싫었다.

요즘은 광고에도 '착한'이 붙지 않으면 광고가 되질 않는지 심지어 착한 가슴, 착한 허벅지까지 등장했다. 얼마 전엔 대통령까지 한 지방의료원의 적자에 대해 '착한 적자'라 하여 나쁘지 않은 적자, 오히려 장려해야 할 적자라는 이상한 논리의 말이 되기도 했다. 그러다 보니 이제 '착한'은 선악의 문제가 되어버렸다. 우리는 자본주의 경제하에서 어떤 상황에서건 적자는 좋지 않은 걸로 배워 왔다. 그런데 '착한 적자'가 되어버린 순간 적자를 안 내고 잘해 온 곳들이 나쁜, 잘못한 것이 되어버렸다. 아니해도 이분법이 주도하는 나라인데 '착한'이 사람 아닌 것에까지 들어가다 보니 착한이 붙지 못한 것들은 꼼짝없이 나쁜 것 또는 잘못된 쪽으로 밀려버렸다.

난 한 신문만 십수 년간 계속 보아왔고 휴대전화기도 3년이 넘게 쓰고 있었다. 고맙고 착한 독자요 사용자라 자부하고 있었다. 그런데 지인이 나에게 왜 그렇게 바보짓을 하느냐고 했다. 타 신문으로 바꾸면 6개월은 공짜로 넣어주고 다른 혜택도 많다 했다. 1년 후 다시 돌아오면 또 그만큼의 혜택이 온다고 했다. 휴대전화도 하루가 다르게 새로운 좋은 것이 나오는데 3년씩이나 쓰고 있느냐며 그 정도면 공짜로 제일 좋은 신형 전화기로 바꿀 수 있다고 했다. 그 말을 듣고 보니 억울한 것 같기도 했지만, 그보다 내가 진짜 바보인 것 같아 속이 상하고 부끄러워졌다. 하기야 강남에서 30년 가까이 한 아파트에서 산 나에게 바보란 말을 하던 친구도 지인도 여럿 있었다.

착한이 붙어 다니던 딸아이가 결혼하여 셋째를 갖자 어떻게 키우려고 그러느냐고 가장 가까운 이들이 우려를 표했다. 아이 하나를 키우려면 몇억이 들어가는데 어쩌려고 그러느냐는 거였다. 하지만 당사자는 아니다. 태어날 아이를 기다리며 태어나는 순간 알겠다고 성별도 의사에게 알려주지 말도록 한 아이다. 나도 그 걱정은 안 한다. 남들처럼 키워야만 하는 건 아니잖는가. 요즘 들어 생각하면 난 아이보다 나이를 곱절이나 먹었지만, 아이의 생각에 못 미쳤던 경우들이 많았음을 깨닫는다. 시집도 안 가고 봉사만 하던 아이, 그래서 한심할 만큼 바보스러워 보이기만 하던 아이, 그 아이에게 착하다는 말을 하면 내 속이 부글부글 끓어올랐는데 그때 그 아이가 옳았다는 생각, 아이가 잘했었다는 생각을 지금 와서야 하고 있다. 그러고 보면 내게 붙여지던 억울한 착함이나 늦게라도 그런 아이를 인정하는 것도 시대와는 맞지 않을지도 모르겠다. 이래저래 아이나 나의 바보 딱지는 떼어버리지 못할 수도 있겠다. 그런데 요즘 쓰이는 '착한'은 그때의 그런 것과도 다르다. 그래서 더 많이 아쉽다. '착한'이란 말이 아무 데서나 아무렇게 너무 잘못 쓰이고 있는 것이다.

내게 '착한'은 그냥 '착한'이다. 심은 대로 거두는 진리 같은 거다. 당장은 아녀도 시간이 가면 좋은 일로 밝혀지는 그런 것이다. 그런데 요즘의 '착한'은 억지로 좋게 보이려 하는 것만 같아 그냥 가슴이 아프다. '착한'만 갖다 붙이면 다 좋게 보아주고 믿어주고 생각해 줄줄 아나 보다. 착한 일, 착한 사람이 많아져야 세상이 좋아진다. 그런데 왠지 요즘 유행하는 '착한'은 착해 보이지가 않는다. 그래서 더 궁금하다. '착한 낙지'에는 한번 가보고 싶다. 어떻게 어째서 착한 낙지인지.

지나침은 모자람만 못 하다고 했다. 순리란 말처럼 모든 것을 적당하게 분수껏 나를 건사할 필요가 있다. 그렇고 보니 내가 생각하는 내버려 둠이란 기준에는 바로 이런 '적당'과 '순리'나 '분수'가 담겨있는 의미일 것 같다.

내버려둠에 대하여

몇 주를 앓았다. 병원도 가고, 진통제도 먹어보고 주사를 맞아 봐도 가라앉지 않는 통증은 어디선가 보았던 그림 한 폭을 떠오르게 했다.

기억 속의 그림은 짙은 빨강과 검정의 소용돌이였다. 보고만 있어도 극도의 혼돈과 불안을 느끼게 하는, 내 몸이 빨려 들어가는 착각을 일으키게 했다. 그러나 이번 내 상황은 세탁기의 탈수통 속에서 돌아가는 빨래처럼 그 그림 속 휘돌이 속으로 온몸이 아닌 머리만 빨려 들어가는 고통이었다.

앓는다는 것, 거기엔 분명 원인이 있을 터였다. 그러나 통증은 극에 달하는데도 현대과학 첨단 장비의 대답은 '이상 없음'이요 '아주 정상임'일 때 그것을 인간 능력의 한계로 보아야 할 것인가 장비의 한계로 보아야 할 것인가. 그 '이상 없음', '아주 정상임'과 견딜 수 없는 아픔 사이에서 내가 할 수 있는 것은 아무것도 없었다.

두통, 난 두통이란 게 그렇게 크고 깊고 넓은 것인지 몰랐었다. 두통의 종류만도 무려 400종이 넘는다고 했다. 내게 온 놈은 그중 대단한 악질이었다. 내 머릿속을 제 마음대로 마구 드나들면서 심심하면 걷어차고 짓밟고 비벼댔다. 어떨 땐 마구 쾅쾅대며 발구름을 하기도 하고, 아주 기분 나쁘게 직직 끌기도 하면서 제가 할 수 있는 온갖 못된 심술을 다 부렸다. 그때마다 나는 자지러지고 머리를 움켜쥐며 신음하다가 머리통을 떼어내 버리고 싶은 충동, 삽으로 아픈 부위를 푹 파내어버리고 싶은 강렬한 충동으로 몸을 떨었다.

녀석은 그런 나를 보는 것이 너무나 재미있는 것 같았다. 내가 고통스러워하면 할수록 더욱 신이 난 듯 기세를 높였고, 그러면 나는 더 자지러졌다. 그렇게 한바탕씩 흔들어 놓고는 녀석이 히죽이 웃고 있을 때면 내 머릿속은 천만 근 무게의 납덩이가 되어 아무런 생각도 느낌도 없어져 버렸다. 그러고는 무서울 만큼 잠시 고요가 왔다.

폭풍 후의 정적, 그런 불안한 평화 속에서 문득 떠오른 말이 '내버려 둠'이었다. 제발 나를 좀 내버려둬 줄 수 없나, 나를 마구 흔들고 가만있지 못하게 하는 것들에게 제발 나를 좀 가만히 내버려 두기를 간절히 애원했다.

평소에는 그렇지 않았던 아주 미세한 소리까지도 잡아내는 귀, 아주 여린 빛까지도 감지해 내는 눈, 거기에 맞춰 지나칠 만큼 예민하게 자극하는 생각들은 내 머릿속을 창세 전의 카오스로 몰아갔다. 꼭 맞는 말이 혼돈이었다. 그러나 다시 생각해 보면 살아있다는 것은 크건 작건 고통을 느끼는 것이고 아픔을 아는 것이고 그것들로부터 벗어나려는 힘을 발휘하는 상태가 아니겠는가. 사람도 너무 편안하고 아무 일도 없을 때는 살아있음의 의미조차 느끼지 못한다. 말하자면 위기감이 없어진다는 것인데 위기감이란 생명에 대한 강한 애착과 종족 보존의 번식력으로 살아있다는 자기표현을 하는 것 같다. 그래서 살기가 어려워지면 어려워질수록 종교에 귀의하는 수가 늘고 풍요롭고 평화로워지면 종교에서도 멀어진다고 한다. 어렵다는 것은 자기 힘만으로는 살아갈 수 없다는 자기 항복이다.

난蘭 한 촉도 생명의 위기감을 느껴야 꽃 촉을 밀어 올린다고 한다. 죽을힘을 다할 때 기적도 일어난다. 어찌 생각하면

시시포스의 고통도 특별한 배려라 할 수 있지 않을까. 고통을 통해 살아있음을 느끼라는, 아니 살고 싶어 하는 강렬한 생존력을 느끼게 해 주려는 특별한 배려가 아녔을까. 만일 그가 수고도 고통도 없는 한 곳에 가만히 갇혀만 있었다면 그는 그걸 더 고통스러워하지 않았을까. 내게 임한 이 고통도 새로운 전환기에 있는 내게 주신 신의 특별한 계획 속 알림이 아닐까.

몇 날을 계속된 고통 속에서 아무 생각도 않으려 하는데도 자꾸만 이 '내버려 둠'이란 화두가 나를 놓아주질 않는다. 내버려 둠이란 관심 없음이요 방관도 되는데 내가 바라는 이 내버려 둠은 그렇게 나를 관심으로부터 버려달라는 것은 아니다. 내 내버려 둠의 소망은 나를 마구 흔드는 고통으로부터 벗어날 수 있는 적극적 보호다. 사람에게 일상적인 내버려 둠은 아주 나쁜 것이 될 수 있는 것처럼 적당한? 고통의 흔듦은 살아있는 모든 것을 그답게 해 줄 것 같다.

사람이란 알게 모르게 무수한 인연의 줄에 얽매여 있기 마련이고 보면 보이는 것은 보이는 대로, 안 보이면 안 보이는 대로 생각에서 떠날 수가 없는 존재이다. 그러나 생각을 하기에 고통도 느끼는 것이고 그게 살아있는 증거다.

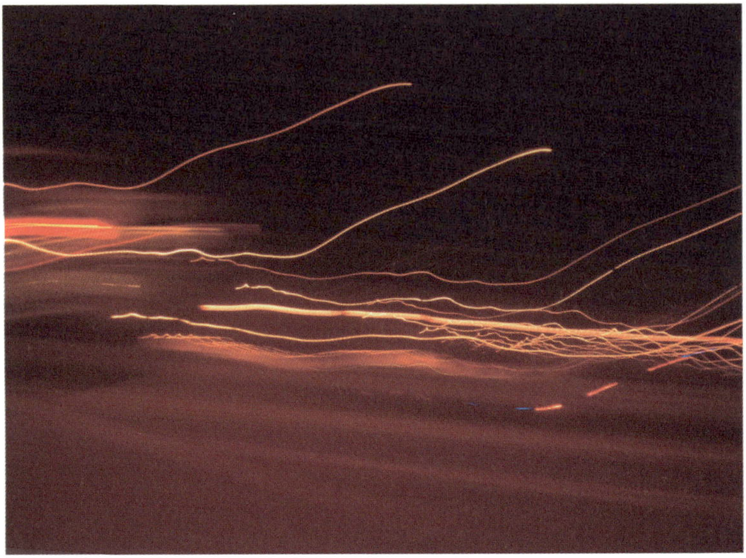

정확한 이름은 모르겠는데 신경초란 식물이 있다. 무엇이든 자기 몸을 건드리면 움츠러들고 만다. 초등학생 때 교실 앞에 신경초가 심어져 있었는데 수업만 끝나면 반응하는 게 신기하여 달려나가 그걸 건드려 보곤 했었다. 하지만 하도 아이들이 귀찮게 하니까 며칠 못 가 말라죽고 말았다. 식물도 감당 못 할 만큼 귀찮게 하니 죽고 마는데 사람은 어떨까. 어쩌면 나도 여러 가지 갖다 붙일 수 있는 온갖 구실을 내세우며 너무 여러 가지 생각으로 내 머리를 혹사시켰던 것 같다. 내 머리는 견디어보다 보다가 항복을 하고 만 것 같다. 인간이란 워낙 독한 생명체라 신경초처럼 죽지는 않았지만 내 머리도 그걸 감당할 수 없다고 강력하게 거부를 하고 나선 것 같다.

지나침은 모자람만 못 하다고 했다. 순리란 말처럼 모든 것을 적당하게 분수껏 나를 건사할 필요가 있다. 그렇고 보니 내가 생각하는 내버려 둠이란 기준에는 바로 이런 '적당'과 '순리'나 '분수'가 담겨있는 의미일 것 같다.

내버려 둠, 그건 살아가면서 누구나 지켜줘야 할 최소한의 양심적 휴식이 아닐까 싶다. 현대인은 그런 예의를 거의 잊고 산다. 심지어 휴식이란 이름으로도 노동보다 강도 높게 머리를 혹사시킬 때도 있다. 이번 내게 온 이 고통과 혼란의 의미는 분명 적당히 나를 내버려 둘 줄도 알아야 한다는 신의 따뜻한 배려요 꼭 그렇게 하라는 사랑의 강력한 요구일 것만 같다. 나로부터의 자유함이 선행될 때 내면의 정신과 생각도 건강할 수 있으리라. 오랜만에 졸음이 몰려온다. 사랑하는 자에게 잠을 주신다고 하신 성서의 말씀이 오늘따라 유난히 따뜻하고 감사하고 의미롭게 다가온다.

3. 그래도

가슴에서 가슴으로 흐르는 작은 강

선물

허벌나게

숨어있는 힘

새 생명을 보며

아픈 추억, 그리운 사람

가벼운 만큼 맑아지게

어림짐작

그 여름의 피서

떠난다는 것

그래도

이를 닦으며

가슴에서 가슴으로 흐르는 작은 강

—있는 듯 없는 듯 그러나 끈질긴 생명력으로

소멸한다는 것, 잊힌다는 것만큼 슬픈 일, 안타까운 일도 없을 것이다. 그러나 결코 잊을 수도 잊히지도 않는 것들이 있다. 바로 고향 · 어머니 · 가족들이요 그들에 대한 기억들이다. 세월이 가면 희미해질 법도 한데 그렇지 않다. 오히려 더욱 선명해지기도 한다.

내 문학의 텃밭도 그런 잊힐 수 없는 것들이었다. 하지만 내겐 여느 사람들의 것과는 달랐다. 대개가 당연하게 자연스레 얻고 가질 수 있는 것들이었음에도 내게는 잡히지 않는 실체로 늘 손이 닿지 않았다. 그래서 유난히 더 안타깝고 그립고 소중했다. 그런 가질 수 없는 것에 대한 그리움과 이룰 수 없는 것에 대한 안타까움이 내게 펜을 들게 했었다. 그것들은 내 안 가득 차있었고 그것들을 다 퍼내 버리지 않는다면 다른 어떤 것도 내 가까이 다가올 수 없을 것 같았다. 해서 그게 또 안타까웠다.

또 하나는 내 태생적인 것일지도 모르지만 작은 것에 대한 사랑과 생명에 대한 소중함이다. 너무나도 하찮아 보여 아무도 눈여겨봐 주지 않을 것 같은 것들이거나 너무 작아 쉽게 눈에 띄지도 않는 그런 것들에 정이 가는 것이었다.

수필집 《아침무지개가 말을 할 때》[1989]와 《날마다 좋은 날》[1995] 속에 들어간 수필들 거의가 다 내 안 가득 차고 넘쳐 바가지로 퍼낼 수 있던 그런 그리움의 웃물 샘물이다. 문학적 완성도는 떨어질 수 있어도 진정성이 느껴져 애착이 간다.

《살아있음은 눈부신 아름다움입니다》[2001] 속 수필들은 내 안의 작은 것들을 밖으로 흘려보낸 글들이다. 짧은 내용에 담은 내 마음의 엽서 같은 글들이다. 작은 것, 하찮아 보이는 것들에 대한 사랑이다.

《오렌지색 모자를 쓴 도시》[2002]와 《서서 흐르는 강》[2004]은 내 안의 샘물로 치면 중간물쯤 된다. 조금 퍼내어져 깊어진 샘에서 팔을 길게 늘어뜨려야 퍼낼 수 있던 조금 깊은 샘물 같은 글들이다. 일상의 이야기들이면서 조금은 사고思考의 깊이가 더해진 것들이다.

《행복이 사는 곳》[2009]은 7년간 연재했던 84편의 글 모음이다. 매달 한 편씩 고인 물을 퍼내어 나누던 내 마음들이다.

그런데도 아직 퍼내지 못한 샘물을 본다. 하지만 아주 다 퍼내 버리는 걸 두려워하는지도 모르겠다. 유년의 기억은 세월이 흘러도 완전히 피지 못한 꽃과 같다. 아니 활짝 피었다가도 낮이 되면 오므라드는 달맞이꽃처럼 환히 보여줄 수 없는 부끄러움 같은 것, 내겐 아직도 그런 피터팬 증후군 같은 게 있나 보다.

문학은 나를 있게 하는 존재성이다. 쓰지 않으면 견딜 수 없는 것이 아니라 쓰는 것 자체가 내 호흡이다. 그러나 나만의 색깔과 향기를 담아 내놓는 나의 수필들은 늘 시대를 한두 발짝쯤 뒤떨어져 쫓아가는 것 같다. 문학으로 시대를 선도할 힘도 없는 나에겐 놓쳐버릴 수도 있을 것들에 대한 두려움이 늘 뒤를 돌아보게 해서이다.

그건 잃어버려 본 자만이 안다. 남들 다 갖고 있는데 혼자만 가져보지 못한 자만이 안다. 그래서 나의 수필은 옛 것에 대한 단순한 그리움이라기보다 소멸과 잊힘에 대한 불안과 안타까움이 더 크게 작용한다.

그런데도 이런 나의 수필에 대해 "그의 수필은 마치 고향 마을로 들어서는 길목처럼 유정하고 들녘에 피어 있는 낮익은 풀꽃같이 정겹기만 하다."윤병로 문학평론가고도 했고, "그의 수필의 소재는 특별하거나 쇼킹한 것이 아니다. 우리 일상에서 매번 반복되고 흔하게 만날 수 있는 일상의 이야기들이다. 그런데도 그가 그런 평범한 이야기들을 식상하지 않고 질리지 않게 독자들에게 파고드는 솜씨를 발휘하고 있는 것은 복병처럼 깔고 있는 그의 문장의 미감에 있다. 너그럽고 풍요로운 감성 속에 평범 속에서도 결코 평범하지만은 않은 그의 깊은 사고의 달관을 반짝이는 문장으로 수놓는 것이다."정주환 문학평론가 라고도 했다.

"보잘것없는 것으로 취급되고 있는 것에 대한 작가 나름의 배려로, 소외되기 쉬운 것에 대한 애정이며 작가의 따뜻한 마음 나눔을 엿보게 한다."윤재천 문학평론가고 하고, "그리움은 수필에서 꼭 갖춰 입어야 하는 예복처럼 작품 속에서 매우 빈번하게 등장한다. '그리움'이라는 추상명사가 빠지면 그의 언어는 시들은 꽃잎 같아진다."남홍숙 문학평론가고도 한다.

그러고 보면 정주환 · 윤병로 교수님의 평처럼 나는 내 수필들에서 '일상의 이야기들'이란 사실을 '문장의 미감'이 돋보이는 문체로 표현해서 '깊은 사고의 달관'으로 의미화하거나 형상화하려는 문학적 특성을 염두에 두었던 것 같다.

어떤 생명도 소중하다. 생명에 하찮은 것이란 있을 수 없다. 삼라만상 무엇이고 생명인 것은 축복이요 선물이다. 나의 수필은 어떤 형태로건 그런 생명과 삶을 그려보고자 한다.

사람의 가치 기준이란 지극히 자기 위주일 수 있다. 내 것만 볼 땐 내 것이 제일 좋은 것인 줄 알다가도 다른 것과 비교해 보면 내 것이 보잘것없게 보인다. 사람들은 그게 당연하다고 말한다. 하지만 다른 사람들에겐 아무런 가치가 없어 보여도 내게는 더없이 소중한 것도 있다. 남의 눈에 뜨일까 봐 꺼내놓지도 못하고 숨겨놓았다고 해도 내 마음엔 여전히 소중한 것은 소중한 것이다. 변화의 세상, 그 변화를 수용하거나 능동적으로 변화를 만들어내는 사람들은 과감하게 버리기도 잊기도 잘한다지만, 나는 그러지도 못한다. 오래된 묵고 낡은 것에도 연연해하고 오히려 새것에는 거북해 하거나 두려움을 갖기도 한다. 그래서 내 수필은 크게 실험적이거나 시도적이지 못하다. 대신 생명을 사랑하는 마음 가득 사람의 가슴에서 가슴으로 전해질 수 있는 정의 물길, 정의 강을 내고자 한다. 새것보다 옛것에 더 이끌리는 것도 그 때문이다.

물론 그것 또한 감성이 따라주어야 하고 분위기가 합류해주어야 하고 심기가 모아져야 한다. 그래서 나의 수필들은 만든 것이기보다 내 안에서 끄집어낸 것이고 싶다. 그래서 낮은 목소리로 자란자란 흘러가는 물소리를 내고 그렇게 조심스럽지만 자연스럽게 읽는 이의 마음을 건드리는 글들이 되고자

한다. 주체가 되기보다 협력자요 참여자가 되어 함께 하고 그렇게 작은 조화로 같이하려 한다.

감동으로 마음의 변화를 이끌어내는 것이 문학 아니겠는가. 그 마음의 변화 속에 평화와 사랑과 조화가 있다면 세상도 그냥 맑고 밝지 않으랴. 크고 화려하고 거창한 것에 거북해 하는 나, 작고 약하고 하찮아 보이는 것들 속에서 자연스러운 나를 본다. 그리고 그들을 통해 행복도 보고 사랑도 본다. 세상의 그런 작은 것들 속에서 희망을 키우고 생명이 살게 하고 그렇게 내일을 열고 미래를 열고 싶다. 있었는지도 모르게 없어져 버릴 것 같은 것들에 대한 안타까움과 사랑을 그것들이 다시 살아날 수 있도록 수필을 통해 구현해 보고자 한다. 그런 나의 마음이 옛것과 새로운 것에의 가교가 되어 소멸과 생성의 참 조화를 이끌어내고자 하는 것을 내 수필을 통해 이뤄보고 싶은 것이다.

선물

선물을 받았다. 그런데 누가 보낸 것인지를 알 수가 없다. 냉동상품인 데다 추운 날씨에 서로 부딪히다 보니 주소가 벗겨져 버렸기 때문이다. 보낼만한 사람에게 전화를 걸어 확인을 해 볼까 하다가 그가 아니라면 마치 왜 선물을 보내지 않았느냐고 하는 게 될 것 같아 그도 그만둔다. 분명 내게 보낸 것이고 또 금방 풀어서 먹어야 하는 것이니 그냥 놔둘 수도 없다. 내게 보내준 것은 맞으니 우선 먹고 누군가 연락을 해 오기만을 기다릴 밖에 없다. 선물을 보냈는데도 아무 인사가 없으면 필시 받지 못 했느냐고 물어올 것이기 때문이다.

삶에도 이렇게 누군지도 모르게 보내져 온 사랑과 도움의 선물이 많았을 것이다. 부러 이름을 밝히지 않았을 수도 있고, 보내는 이가 이름을 쓴다는 것을 깜박 잊었을 수도 있다.

이번처럼 쓰긴 썼는데 운송과정에서 떨어져 버린 것도 있을 것이다. 그렇다고 일일이 잘 받았느냐고 확인하는 것도 번거롭고 멋쩍을 뿐 아니라 잊어버릴 수도 있다. 그러니 이번 것처럼 나는 누가 보낸 지도 모르고 덥석 받아먹기만 할 수밖에 없다. 어쨌든 나는 보내 준 것을 아주 잘 받아먹었다.

요즘 가만 생각을 해보니 선물 받는 일에 제법 익숙해져 있는 것 같다. 문제는 내가 언제부터 이처럼 선물 받는 일에 익숙해져 버렸는가 하는 것이다. 세상에 공짜란 없다고 했는데 더구나 받는다는 것은 생각도 못 하고 늘 선물을 해야 하는 것에만 마음을 쓰던 것이 엊그제 같은데 어느새 선물 받는 입장이 되어버렸다. 그만큼 세월이 흘렀고 어느새 나이가 들었다는 말일 것이다. 내가 선물할 어른들이 많이 떠나셨다는 것이기도 하다. 그렇다고 하더라도 받은 만큼은 나도 뭔가로 갚아야 할 텐데 주지도 않고 받아먹는 것에만 익숙해졌다면 이는 큰 문제가 아닐 수 없다. 나도 선물을 해야만 할 곳이 한두 곳이 아닌데 말이다.

요즘 다섯 살 세 살 두 손녀에게서 심심찮게 선물을 받는다. 끄떡하면 카드를 만들었다고 주고 책을 만들었다고 주고 그림도 그렸다며 선물을 한다. 아무리 봐도 소장가치는 없는 것 같은데 녀석들은 아주 소중한 것인 양 내게 주곤 한다. 녀석들의 기준과 내 기준이 달라서일 것이다. 그렇고 보면 내가 받은 선물 중에도 내 기준으로만 판단하여 가벼운 마음으로 받은 것은 없었을까. 선물이란 자기가 할 수 있는 최선을 다해 하는 것이 일반적이다. 그런데 그렇게 한 선물일 텐데 보낸 이의 형편까지도 내 기준에 맞춰 판단하지는 않았을까.

요새는 그러지 않지만 한 때는 지나다 선물 감으로 눈에 띄면 미리 사 놓았다가 선물할 때 쓰곤 했다. 선물을 해야 할 곳이 생겼는데도 갑자기 선물 감을 찾으려면 마땅치 않을 때가 있다. 그럴 때를 대비 미리 준비해놓으면 여러 가지로 편리하다. 전혀 생각지도 않았는데 갑자기 선물을 해야 할 때도 있는데 그런 때엔 미리 사놓은 것으로 정말 요긴하게 쓸 수 있다.

언젠가 한 선배가 아버지에 대한 추억을 이야기하면서 자신의 일생 중에 받았던 가장 큰 선물은 아버지와 함께 목욕탕에 간 것이라고 했다.

너무나 엄격한 아버지, 감히 아빠라고 불러보지 못할 그 아버지가 초등학교에 다니던 어느 날 목욕탕에 가자고 하더란다. 두려움 반 기대 반으로 아버지를 따라 읍내의 목욕탕엘 갔는데 "여기 앉어 등 내밀어라." 하시더니 등의 때를 밀어주고 앞가슴이며 팔이며 다리까지 때를 밀어주더란다. 그런 후 등판을 탁 때리면서 한 마디 "많이 컸다." 하셨단다. 그런데

그 한 마디가 자신의 존재를 인정해 주는 말 같아 그렇게 흐뭇할 수가 없었단다. 딱 한 번 아버지와 함께한 그 일로 그는 '나는 꼭 아들을 낳아 아들과 자주 목욕탕에 가겠다'고 다짐을 했었는데 딸만 셋을 낳았다며 아쉬워했다. 그러고 보면 선물이란 꼭 물건으로만 오가는 것만도 아닐 것 같다.

선물이 뇌물이 되거나 받고 주는데 부담이 되면 선물의 의미를 잃는 것이다. 그러나 사랑의 마음이 가득 담긴 선물은 행복한 나눔이 되고 서로의 관계를 더욱 좋게 만든다. 부부간에도 선물은 좋은 것이고 부모 자식 간에도 선물은 주어 기쁘고 받아서 즐겁다. 분명 요 며칠 사이에 선물을 보낸 누군가가 연락해 올 것이다. 그러나 지금 상황에선 '선물 잘 받아 맛있게 잘 먹었습니다. 감사합니다.' 아무래도 이렇게 공개적으로 감사인사를 해야 할 것 같다. 하지만 또 모를 일이다. 받는 기쁨보다 주는 기쁨이 더 큰 것이 선물이라며 굳이 연락해 오지 않을 수도 있다. 여하튼 나는 또 하나 사랑의 빚을 졌다. 내가 사랑의 빚을 지워주진 못하고 나만 빚쟁이가 되니 미안할 따름이지만 누군가를 생각하며 선물을 준비하고 보낸다는 것만으로도 행복의 엔도르핀이 마구 솟아나는 일 아닌가. 그래 맞다. 받은 사람이 나처럼 조금은 애가 탈지 몰라도 나도 보낸 이 모르게 선물을 해야겠다.

뮤지컬 배우 최정원 씨가 뒤차의 통행료를 가끔씩 내 주는데 그러면 뒷 차가 쫓아와 엄지손가락을 세우며 멋있다며 고맙다고 기분 좋은 인사를 하고 가면 온종일 기분이 좋더라고 했다. 어쩌면 내 선물의 위력도 그리 나타나지 않을까. '선물 잘 받아 잘 먹었습니다. 감사합니다.' 내 밝은 목소리만큼 기분 좋은 하루다. 그러고 보니 이것도 선물이잖은가.

허벌나게

내 고향은 전라남도 나주다. 태어나긴 전쟁 중 외가가 있는 나주에서였지만 호적상 내 고향은 무안이고 내 가족들의 삶터는 목포였다. 그러나 나는 나주에서 중학교까지 졸업했고 그래서 15.6년을 전라도에서 살았다. 그곳에서 내가 쓰던 말은 정감 넘치는 남도의 전형적 사투리다. 그중에서도 '허벌나게'는 왠지 가장 인상 깊게 기억되는 한 마디다.

'허벌나게'는 예쁜 말은 아니다. 무지무지하게, 엄청나게, 혹은 대규모大規模 또는 신속迅速의 뜻으로도 사용되는 전라도 토박이 사투리다.

'허벌나게'란 말 속엔 없는 것도 있게 하고 안 될 것도 되게 하는 이상한 힘이 있는 것 같다. '허벌나게 비가 왔다.'는 동이로 물을 붓듯 엄청나게 많은 양의 큰비가 내렸다는 말이고, '허벌나게 다쳤다.'고 하면 만신창의로 크게 많이 다쳤다는 뜻이다. '허벌나게 달려갔다'고 하면 눈썹이 휘날릴 만큼 빨리 달려갔다는 말이고, '허벌나게 벌었다.'고 하면 자루에 쓸어 담듯 돈을 많이 벌었다는 뜻이다. 허벌나게란 말 속에선 그래선지 '밉지 않은 뻥'도 느껴진다. 그래서일까. 부담이 가지 않는 넉넉함과 여유로움도 느껴진다. 조직적으로 꽉 찬 느낌보다 좀 느슨하고 살짝 넘치는 느낌, 꼭 남도 사람들의 인정, 넉넉한 인심만큼이다. 급하지 않게 얼마큼 해찰이라도 하는 불성실인 듯해도 왠지 무시 못 할 거대한 힘을 느끼게 하는 말이 '허벌나게'인 것 같다.

'허벌나게 인심도 좋소이.' '아따 허벌나게 맛있소.' '오메 허벌나게 좋당게.' 허벌나게는 그렇게 수더분한 뚝배기 같이 만들고 그러면서 인정은 고봉으로 넘치게 하는 전라도 말다운 말이다. "참마시로 허벌나게 반갑소이."

숨어있는 힘

—생명

그 옆을 지나갈 때마다 너무 가슴이 아팠다. 혹시나 해서 만져도 보고 손톱으로 긁어도 보았다. 그러나 아무리 보아도 살아있는 것 같지 않았다.

하기야 다른 것들은 늦을세라 질세라 자신의 살아있음을 알리려 하지 않던가. 그런데 4월이 다 가는데도 살아있다는 느낌도 예감도 보이지 않았다. 어쩌다 저리되었을까. 안타까움이 볼수록 커져갔다. 저대로 얼마간은 놔둘 수도 있겠지만 살아있지 못함을 알게 되면 필시 뽑아 없애버리려 할 것이다.

얼마나 잘 생긴 나무인가. 그것이 하나도 아니고 둘이다. 이십여 미터 사이를 두고 마주 보고 있어서 쌍둥이라 이름 붙여져 있다.

그런데 5월 초 어느 날 새벽기도 후 집으로 향하는데 느낌이 이상했다. 뭔가 까만 몸에 붙어있는 것이 있다. 맞다. 싹이다. 분명 죽은 줄 알았던 나무에서 아주 작은 싹이 나와 있었다. 감격이었다. 살아있었구나. 죽지 않았구나. 건너편 나무로도 달려가 보았다. 그곳에서도 생명의 역사는 시작되고 있었다.

내가 성급했다. 아직 저들의 때가 되지 않았었던 것이다. 순간 낯이 뜨거워졌다. 자연은 결코 서두르지도 거짓이지도 않는데, 정확하게 제때 자기 자리를 지키는데 사람들이 그 얕은 지식으로 지레 살아있는 것조차도 죽었다고 성급한 판단을 하고 절망하지 않는가.

나무의 표피를 손톱으로 긁어 보았다. 분명 메말라 딱딱함만 느껴졌는데 지금은 아니다. 그 두꺼운 껍질에서도 생명의 기운이 느껴진다. 감촉이 다르다. 이 신비로움, 이 경외로움은 어디서 오는 것일까.

아파트 단지의 상징목으로 심어진 이 나무는 전라남도 고흥에서 옮겨 온 팽나무다. 개발 사업으로 도로가 나게 된 곳에 이 나무가 서 있었단다. 수령 300년이 넘는 거목이다. 내 팔로도 한 아름이 넘는 큰 나무다. 그걸 이곳에 옮겨다 심은 것이다. 어린 날 가지고 놀던 새총처럼 밑동 중간에서 갈래로 갈라진 두 개의 몸을 하늘을 향해 뻗쳐 가던 팽나무는 옮기는 과정에서 키가 반도 넘게 잘렸지만 그 굵기만으로도 얼마나 큰 나무였던가를 짐작게 한다.

자세히 들여다봐야 찾을 수 있을 만큼 작은 싹이었던 것이 하루하루가 다르게 커지더니 죽은 것 같던 나무의 몸을 거의 가릴 만큼 무성하게 가지와 잎을 만들어냈다. 이 놀라운 변신을 바라보며 저 힘은 나무의 몸에서가 아니라 뿌리에서일 것인데 얼마나 크고 튼실한 뿌리일까 궁금해졌다. 결국, 뿌리가 살아있다면 나무는 죽은 게 아니다. 워낙 크고 오래된 나무라 싹을 틔워내기도 쉽지 않았을 뿐이다.

사람들은 눈에 보이는 것만으로 판단하고 말할 때가 많다. 하지만 보이는 것은 지극히 한정된 것일 수밖에 없다. 우리 눈의 정확도가 문제일 수 있고 사실 속에 가려있는 진실을 못 보는 경우가 허다하다. 그러고 보면 내게도 그런 경험이 여러 번 있다.

죽은 줄 알고 베란다에 방치해 버렸던 군자란에서 어느 날 꽃봉이 올라온 것을 발견했을 때의 충격도 있고, 현관에 상자 채 놔두었던 감자에서 수많은 싹이 올라와 있는 것을 발견했을 때도 그랬다. 운동을 하다 발톱이 까맣게 죽어 빠져버렸는데 어느 날 보니 아무것도 없는 것 같던 그곳에서 새 발톱이 나오고 있었다. 살아있다는 것은 이렇게 신비로움이고 충격이었다. 어쩌면 생명이란 너무나 소중하기에 이렇게 숨어있는 것

내가 성급했다. 아직 저들의 때가 되지 않았었던 것이다. 순간 낯이 뜨거워졌다. 자연은 결코 서두르지도 거짓이지도 않는데, 정확하게 제 때 자기 자리를 지키는데 사람들이 그 얕은 지식으로 지레 살아있는 것조차도 죽었다고 성급한 판단을 하고 절망하지 않는가.

인지도 모른다. 살아있음을 나타내는 가지며 잎보다 보이지 않게 숨어있는 뿌리에서 생명을 보아야 하지 않을까.

요즘은 팽나무 옆을 지나노라면 나무의 숨소리가 들리는 것 같다. 사악삭 잎을 피워내고 그 잎을 키워내는 힘, 보이지는 않지만 숨어있는 그 힘이 바로 생명력이 아닐까.

문득 내 삶의 생명력은 어디에 있는 것일까 궁금해진다. 내 삶의 근원, 힘의 원천인 나를 살게 하는 뿌리는 무엇일까. 부초처럼 떠다니다 어렵게 뿌리를 내린 내 삶의 터는 이제 나라는 뿌리보다 팽나무처럼 두 개의 굵은 가지로 자라나 셋과 둘의 모체가 되어 있는 딸과 아들 남매가 오히려 튼실한 나무가 되고 있지 아니한가. 나라는 뿌리의 힘은 나도 잘 모른다. 그러나 두 가지를 붙들어 안고 있는 우리 부부의 힘이 아이들을 안전하게 지켜줄 힘은 되어야 하리라. 그래선지 팽나무가 예사로 보이지 않는다. 옮겨오느라 삼백 년을 내려온 뿌리 대부분은 잘려나갔을 텐데 새로운 곳에서 얼마나 열심히 새로운 뿌리를 만들어야 할까. 예전만큼 되어야 힘도 되찾을 테고 그래야 이곳에서도 튼실하게 서서 사랑받는 존재가 되지 않겠는가.

다섯 손주를 바라보는 나의 마음만큼 팽나무를 바라보는 내 마음이 기도가 되는 것은 내 살아온 날만큼 생명의 의미와 깊이가 더 절실하게 가슴으로 안겨오기 때문인 것 같다. 팽나무의 가지와 줄기가 자라고 내 손주들이 하루가 다르게 자라가는 것을 보면서 숨어있는 보이지 않는 힘이 생명을 키우는 것임에 새삼 놀란다.

새 생명을 보며

새 손님이 든 지 어느덧 다섯 달이 되었다. 하긴 이젠 손님이 아니라 어느새 주인이다. 자의건 타의건 시나브로 모든 중심을 다 차지해 버린 셈이다. 그런데도 아무도 불평을 하지 않는다. 오히려 즐거워하고 기뻐하고 행복해한다. 뿐 아니라 기꺼이 수종? 들기를 마다치 않는다.

다섯 달쯤 전 우리 집에 생긴 변화는 밤과 낮이 없어져 버렸다는 것이었다. 아기가 깨면 낮이고 잠이 들면 밤이 되었다. 아니다. 아기는 밤이 될지 몰라도 식구들은 밤이 되지 못했다. 언제든 아기의 기침起寢에 황급히 대령해야 하는 대기상태였다.

작은 생명 하나가 집에 들어오면서 이렇게 모든 게 변해버린다는 것에 참으로 놀랐다. 영향력이란 크고 많은 것에서 오는 것이 아니라 아주 작고 적은 것으로부터 시작되지만, 그

힘은 참으로 대단하단 사실을 이 나이에야 터득한 셈이다. 그런데 사람들은 이 자연적 원리를 거부하며 그저 거창하고 가시적인 것으로 승부를 하려 한다. 그러니 부작용이 생길 수밖에 없으리라.

어제 일이다. 내 모든 자료를 저장해 둔 메모리칩이 갑자기 인식불통이 되어버렸다. 그럴까 봐 제일 좋다는 것을 샀었는데 그런데도 어찌 된 일인지 불도 들어오지 않고 전혀 인식을 못 한다. 우려했던 일이 발생한 것이다. 조금 전까지도 아무 이상 없던 것인데 말이다. 참으로 암담했다. 이 일을 어쩐다? 제조사로 연락을 해봤으나 하필 주말 휴무란다. 상담조차 할 수가 없다. 애꿎게 컴퓨터에 끼웠다 뺐다를 반복하고 컴퓨터를 껐다 켜기도 몇 차례, 아니 다른 컴퓨터에 넣어보아도 여전히 불통이다.

이 작은 메모리칩 하나를 어떻게 믿고 그 많은 자료를 다 맡겨놓았단 말인가. 어찌 생각하면 한심한 일이기도 했다. 그런데 그 순간 지금 우리의 삶이 대부분 그런 불확실한 것에 모든 것을 맡기고 산다는 사실에 다시 아연해진다. 어찌 자료뿐이랴. 우리 목숨까지도 그보다 더 못한 것에 아무렇지도 않게 맡기고 살지 않는가.

새로 이사를 한 곳은 전에 살던 곳과는 모든 환경이 너무

나 다르다. 강남과 강동이라는 차이가 이리 심하게 날 줄은 몰랐다. 차를 몰고 나가다 보면 내가 나갈 길이 없다. 앞뒤좌우에 사람과 오토바이와 자전거가 그냥 어울려? 잘도 지낸다. 내가 가면 저쪽에서 멈추고 전혀 의식 않고 사람이 건너가도 차는 또 그걸 잘 피해 간다. 불쑥불쑥 나타나는 오토바이며 자전거는 더 거침이 없다. 내가 자전거를 타고 나가 봤더니 나 또한 그래졌다. 그렇게 몇 번을 거치니 나도 아주 자연스러워졌다. 강남에서 그토록 질서에 예민해 있던 것이 여기선 무질서 속 질서로 전혀 불편하지가 않다. 아마 며칠 안 가 이 분위기에 오히려 더 잘 적응해서 아주 좋아져 버릴 것 같다.

손녀를 가슴에 안아보면 그 작은 가슴이 팔딱이는 모습과 숨소리가 어찌 그리 신비롭고 아름다운지 모르겠다. 고 작은 생명이던 것이 요즘엔 곧잘 뒤집기도 한다. 이내 기고 일어서고 걷고 뛰겠지. 거기에 따라 우리 집 살림살이들도 아기의 필요와 불필요를 따라 위험요소를 제거하며 신속하게 변화할 것이다. 기는 아기의 손이 닿을 만한 곳에서 서서도 닿을 수 있는 위치까지는 아마도 모두 피난을 시켜야 할지도 모른다. 그런데 그것도 귀찮거나 불만스럽지 않을 거란 생각이다. 왜일까? 사랑스럽기 때문이 아닐까.

나는 오늘도 일어나자마자 아기의 얼굴을 들여다보며 고 앙증맞은 볼에 내 손가락을 살짝 대 보았다. 내 손가락마저도 거인의 팔뚝처럼 비교되는 아기에게서 아침 이슬과도 같은 신선함과 맑음과 밝음을 본다. 작은 것이 아름답다고 하지만 작다고 해서 다 아름다운 것은 아니리라. 그것을 사랑의 눈길로 바라볼 때 아름답고 사랑스러워지는 것이리라.

내 메모리칩은 작아서 휴대하기에 편했고 모양도 예쁜 데다 무려 4기가의 용량을 자랑하고 있었다. 언제 어디서건 필요해서 컴퓨터에만 연결하면 자료를 제공해 주는 일등 비서였다. 그런데 그게 탈이 났고 복구가 될지 안 될지 현재로는 미지수다. 복구될 것으로 기대하고 있지만, 장담은 할 수 없다. 아니다. 나는 꼭 복구되게 해달라고 기도를 하는 중이다.

무엇에 건다는 말은 절대적 신뢰의 표현이다. 벽에 박힌 못에 무엇을 걸더라도 그걸 지탱할 만하지 않으면 결코 그걸 걸지 않는다. 아기의 초롱초롱한 눈매를 바라보면서 내가 이 아기에게 거는 것은 무엇일까. 메모리칩에 내맡겼던 자료처럼 아기에게도 그렇게 믿는 것은 아닐 것이다. 질서없이 대충 서로 비켜가며 가는 그런 자유로움의 신뢰도 아닐 것이다. 새 생명에 거는 기대와 믿음은 그가 순리적으로 아름답게 자라서 제 몫을 멋지게 해 주길 바라는 믿음이다. 저 맑고 순결한 눈동자에 선하게 세상을 보는 긍정적 생각과 사랑이 가득 차길 바라는 마음이다. 나는 그렇게 새 생명을 보며 다가올 아름다운 새날들을 미리 본다. 10년 후 그리고 20년 후, 아니 더 먼 훗날까지도 말이다.

아픈 추억, 그리운 사람

유난히 그리운 사람, 어느 때가 되면 특별히 못 견디게 생각나는 사람이 있다. 내게도 추석만 되면 생각나는 사람이 있는데 막내 이모부다. 추석이 되면 가슴이 먹먹해지도록 막내 이모부가 안타까움 가득 그립곤 했다.

부모님 모두 얼굴조차 기억도 안 나는 내게 이모와 이모부는 특별한 존재였다. 큰이모는 일찍 결혼을 해버려서 내 기억엔 별로 없지만, 작은이모는 내가 초등학교 입학식 날 결혼식을 했으니 내 어린 날을 모두 같이해 준 분이다.

이모는 어머니가 없는 내게 어머니나 다름없었다. 그런 이모가 결혼을 해버리자 나는 방학만 되면 이모네를 찾았고 그건 내게 그나마 기쁨이고 행복이었다. 이모네는 농협 관사에서 살았는데 집으로 들어가는 마을 입구에 커다란 느티나무가 있었다. 멀리서도 그 느티나무가 보이면 이모를 본 것만큼이나 반가웠다. 중학교를 졸업하기까지 매해 이모 집엘 갔었다. 이모 집엘 즐겨 가는 큰 이유 중 하나는 이모부가 있어서였다. 이모부가 있다는 것만으로도 내게는 왠지 모를 든든한 큰 힘이 생기는 것이었다. 나는 이모부와 함께 있는 것이 즐거웠다.

서울의 백부님 댁에서 고등학교에 다니던 3년 동안도 방학마다 이모 댁엘 방문했다. 그런데 고등학교 3학년 마지막 겨울방학에 외할머니 댁에 내려갔다가 이모 댁엘 가겠다고 하자 갑자기 할머니께서 나를 붙들고는 울음보를 터트리셨다. 그 울음 속에서 흘러나온 "네 이모부 죽었다."는 한 마디는 내 가슴을 칼처럼 찔렀다. 나는 믿어지지 않는 그 말에 한동안 멍해 있었다.

이모부는 지난 추석 전날 집에 왔다가 사무실에 뭘 놔둔 게 있다며 오토바이를 타고 나갔는데 사고가 났다는 것이다. 워낙 재주가 많아서 오토바이도 직접 조립해 타고 다녔고 심지어 마을 앞 흐르는 개천을 막아 미니 수력발전소를 만들어 동네만 전기를 쓰게도 했는데 그날 오토바이가 뒤집혀 사람도 오토바이도 10여 미터 이상을 날아갔다고 한다. 이모부는 그럼에도 상처 하나도 없었는데 사람에게 발견되었을 때는 숨져 있었다고 한다.

참으로 어이가 없었다. 내게는 하늘이 무너진 것만큼이나 큰 충격이고 절망이었다. 내게 가장 큰 힘이 되어주셨던 분이요 내 가장 든든한 백이었던 이모부다. 말없이 격려를 주셨고 집에 들르면 당연히 이모가 용돈을 주었을 것을 알면서도 꼭 따로 용돈을 챙겨주시던 이모부였다.

내가 할머니를 떠나 이모 댁에 이르렀을 때 이모는 넋이 나가 있었다. 나를 보고도 건성으로 "왔냐?" 할 뿐 초점 잃은 눈으로 멍하니 앞만 보고 있었다. 윗목에 아기가 있었는데 이모부 돌아가신 후 태어난 유복녀로 100일쯤 되었다. 아기를 안아보니 아기는 울음도 울지 않고 배는 돌처럼 딱딱했다. 내가 놀라 이모부 친구인 동네 입구 약국 약사를 불러왔더니 급하다며 빨리 광주의 병원으로 가보라 했다. 이모를 재촉해 차를 불러 아기를 내가 안고 광주로 가는데 차 안에서 아기가 나를 보며 싱긋 웃더니 눈을 감아버렸다. 병원에 도착하니 숨진 지 20분이 지났단다.

아들만 셋을 둔 이모와 이모부는 딸을 낳고 싶어 했다. 이모부도 딸이 귀한 집이어서 딸 하나 있었으면 좋겠다고 늘 말해왔었고, 이모는 당신이 제대로 학교에 다닐 수 없었던 한을 교복 입은 딸의 모습으로 풀려 했다. 그런 딸이 태어났는데 좋아할 아빠는 이 세상 사람이 아니고 그 충격에 엄마는 정신이 나간 채 부모 사랑 한 번 따뜻이 받아보지 못하고 세상을 떠나야만 한 생명, 난 날리는 눈발을 맞으며 마을 어른 두 분의 도움을 받아 아기 장례를 치렀다.

42년 전 이야기다. 추석은 이모부의 기일이 되었다. 다들 즐거워야 할 날, 즐거운 날인데 슬픈 날이요 슬픈 기억의 날이 되어버렸다. 이모님 네의 절망만이 아니라 나의 절망이기도 했다. 얼마 동안 해마다 추석 명절이 되면 미소 가득 내 주머니에 용돈을 넣어주시던 이모부 생각이 나고 넋 나간 모습으로 허공에 시선을 두던 이모의 눈과 싱긋 웃어 보이고 눈을 감던 100일짜리 내 이종사촌 동생의 얼굴이 떠올랐다.

지금 이모는 병원에 계시지만 그때 초등학교 5학년과 3학년, 그리고 5살이던 세 아들은 자동차회사 간부로 은행 지점장으로 법원 공무원으로 다들 결혼하여 잘살고 있다. 세월이 가면 슬픈 일도 기쁜 일도 다 잊힌다지만 조실부모한 내게 큰이모부가 아침 출근길에 갑자기 돌아가신 후 내 가장 큰 의지가 되었던 작은이모부까지 내 곁에 아니 계시게 된 후 이모네 어린 세 아들보다 추석이면 맞곤 하던 이모부에 대한 내 그리움은 더 짙게 오래도록 계속되었던 것 같다. 하기야 어린 동생들이 감내해야 했을 충격과 슬픔이 어찌 나보다 작았으랴만 내가 가장 의지가 되었던 이모부를 빼앗아가 버린 추석 전날의 안타까움과 슬픔은 먼 훗날까지 추석을 즐거운 날로 받아들일 수가 없게 했다.

요즘은 추석이면 결혼한 아이들이 집으로 찾아온다. 내가 어른을 찾아뵙던 명절과 내가 어른으로 자식들을 맞이하는 명절의 느낌은 사뭇 다르다. 내 안타까움이나 아픔은 오직 나의 것일 뿐 아이들과는 상관이 없으리라. 그럼에도 이 글을 쓴 올해 추석은 어쩔 수 없이 이모부에 대한 그리움을 떠올리지 않을 수 없게 되었다. 42년이 지났음에도 여전히 그리운 사람, 이모부를 생각하면 추석이 즐거울 수 없는 나 같은 사람, 평생을 가슴 한구석 텅 비어있었을 이모님을 생각해 본다.

가벼운 만큼 맑아지게

산을 오른다. 높이랄 것도 없는 동네 산이다. 하지만 이만한 산이 집 가까이 있다는 것이 얼마나 감사한가. 이용하는 사람도 정말 많다. 그러니 단순한 산이 아니다. 생명이 자라고 생명을 키우고 생명을 나누는 산이다. 건강한 사람은 더욱 오래도록 건강하기 위해, 몸이 약한 사람은 속히 건강한 몸이 되기 위해 기도처럼 산을 오른다. 그래서 그냥 오르기만 하는 게 아니라 자기 몸처럼 가꾸고 돌본다. 오르는 길도 다니기에만 편하게가 아니라 자연과 사람이 서로 좋은 길로 가꾼다. 자연스러움을 훼손치 않는다. 자연으로부터 받는 혜택만큼 지켜주기도 한다.

산길에는 팻말들이 보인다. 나무를 기증한 사람의 이름과 나무에 바라는 마음들이 기록되어 있다. 자녀랑 심은 나무도 있고 부부가 심은 것도 있다. "우리와 함께 푸르고 건강하게 자라다오." 나무를 심은 그들의 마음과 모습이 내게도 느껴지고 보여진다.

산으로 오르는 길에는 운동하는 곳이 있다. 그곳에선 여러 마리의 토끼들이 사람들 가까이 오가며 놀고 있다. 요즘엔 수가 더 늘어난 것 같다. 처음엔 하얀 토끼에 가끔 검은색 토끼가 보였는데 지금 보니 회색 토끼도 있고 흰색에 검은색, 검은색에 흰색 박이도 있다. 상당 기간 함께 살아온 토끼가족들이다. 상생이다.

유난히 땀을 많이 흘리는 나는 산에 한 번 올라갔다 오면

물에 빠진 생쥐 꼴이 된다. 그러나 기분은 상쾌하기 이를 데 없다. 내 안의 찌끼들이 얼마큼은 빠져나갔다는 반가운 신호이기도 하다. 가끔은 아는 사람과도 만나지만 모르더라도 마주치는 사람들과 자연스레 인사가 오가는 곳, 혼자 올라도 전혀 외롭지 않은 곳, 무리해서라도 조금 빨리 걷거나 내려오는 길에 뛰기라도 하면 저 땅속의 것들이 반응하는 것도 느껴진다. 콘크리트로 차단된 바닥이 아니라 흙을 밟는 촉감과 발을 통해 전해져 오는 흙의 느낌이 오장육부를 기분 좋게 흔들어 주고 그것은 자연과 내가 하나라는 느낌이 들게 한다.

미국에 사는 문학 동료는 면역력이 약해져 힘든 생활을 하고 있다. 내 생각은 그가 태어나고 자란 이 나라의 흙을 밟고 물을 먹고 이곳에서 생산된 식물을 먹는다면 치료가 잘 될 것 같았다. 다행히 6개월 정도 치료를 받고 갔다. 그도 한국에서 치료를 받으니 훨씬 빨리 좋아지는 걸 느낀다고 했다. 글로벌 시대라지만 태어나 자란 곳에서 살며 먹는다는 것은 가장 큰 축복이 아닐까.

자연은 자연대로 사람은 사람대로 제각기 살아가는 것 같지만, 결코 따로가 아니라 함께인 것을 우린 자주 잊곤 한다. 어쩌다 가족 중 하나가 집을 비웠을 때 그 빈자리가 얼마나 크던가. 다리라도 다쳐 잠깐 마음대로 걸을 수 없을 때의 불편함은 어떻던가. 그러고 보면 사람이란 동물은 자기 가진 것의 소중함과 축복을 너무 모르는 둔하고 이기적인 존재인 것 같다.

오늘도 산을 오르는데 부부가 서로 의지하여 아주 조심스레 산길을 내려오는 것을 보았다. 저들의 소망은 자유롭게 걸을 수 있을 만큼 건강을 찾는 것일 게다. 사람은 건강을 잃어봐야 비로소 욕심도 내려놓게 되고 삶에도 단순해지는 것 같다. 강하다고 느끼는 것은 교만이다. 그래서 지나친 욕심도 불사한다. 그런데 그 강하다는 생각이 얼마나 큰 착각이요 오해인지를 모르고 산다.

나는 시력만은 자신이 있었다. 뿐만 아니라 혈압이나 당뇨가 왔다고 해도 나와는 상관없는 일이거니 했다. 그런 내게 어느 날 갑자기 백내장 진단이 내려졌다. 한쪽 눈을 그리고 1년 후엔 다른 쪽 눈까지 수술했다. 두 눈에 인공수정체를 삽입했고, 졸지에 돋보기와 두 개의 시력을 하나로 모아주는 안경까지 끼어야 했다.

신체검사에서 혈압 수치가 높게 나왔다. 6개월 동안 원인을 추적해 보았으나 찾지 못했다. 나이 드니 본태성 혈압이 나타난 거라며 비타민 먹듯 안전하게 혈압약을 먹으라고 했다. 요즘엔 당 수치가 위험수위에 가 있단다. 인슐린 기능이 30~40%

남은 상태란다. 내가 자신할 수 있는 것은 아무것도 없었다. 특히 건강이 그랬다.

요즘 나는 몸의 건강, 마음의 건강을 함께 회복하기 위해 무진 애를 쓰고 있다. 회복이 안 될지도 모른다. 그렇다면 더는 나빠지지 않게 하는 것이 최선일 것이다. 그러자니 먹는 것은 줄이고, 운동은 늘리고, 신경 쓸 일은 줄이고자 한다. 눈도 피로하지 않게 사용량을 줄이고 되도록 모든 것에서 가급적 욕심을 내지 않으려 한다. 내려놓기와 낮아지기를 삶의 중요 순위에 놓으려 한다. 그것이 나다움의 추구이고 실천이라 생각한다. 그런 면에선 감사할 게 많다. 내가 사회에 큰 책임을 져서 내 힘으로 그걸 끌고 나가야 하는 것도 아니고, 그러니 가장 평범한 소시민으로 다른 큰 욕심을 내지 않아도 되는 그런 내 그릇 크기를 쉽게 인정하기 때문이다.

새벽에 일어나 나를 낮추는 기도로 시작하여 아침 공기를 마시며 산책으로 땀을 흘리고 집에 들어와 샤워 후 아침을 먹고 하루의 삶을 시작하면 저녁엔 내일 아침을 위해 좀 일찍 잠자리에 드는 생활의 변화 또한 보다 나답게 하는 나만의 처방이다.

마음의 평안과 안정을 찾는 일만큼 중요한 일도 없을 것 같다. 지친 정신과 마음을 치유하는 것도 중요하지만 지치지 않게 하는 것이 더 좋은 방법이 아니겠는가.

내게는 글쓰기가 나를 치유하는 큰 힘이 된다. 나를 돌아보게 하고, 나를 거울에 비춰보게 하고, 거울에 달아보게도 한다. 빨간색 신호등 앞에 서게도 하고 위에서 또는 뒤에서 나를 보게도 한다. 내 내면의 소리도 듣게 하고 까맣게 끼어있는 욕심의 때를 보게도 한다. 가정생활과 신앙생활에 더해지는 문학 활동은 나를 가장 크고 소중한 기쁨과 보람으로 인도한다. 가끔 여행을 떠나는 것까지도 문학 활동에 연계되어 더욱 의미롭다.

한 때 웰빙well-being이란 말이 유행했다. 그런데 지금은 웰다잉well-dying이란다. 잘 살기 위함보다 잘 죽는 것이 더 중요하게 된 이유는 뭘까. 그러고 보니 나 또한 잘 죽는 것을 보다 심도 있게 생각해야 할 때인 것 같다. 몸도 마음도 건강해야 웰빙도 웰 다잉도 가능해진다. 그러기 위해선 삶 중에서도 막힌 것이 있으면 뚫어야 하고 삐뚤어졌으면 바로 해 줘야 한다. 마음도 생각도 몸도 막힘이나 삐뚤림이 없어야 한다.

얼마 오르지도 못했는데 몸에선 땀이 비 오듯 한다. 여름이기 때문만은 아닌 것 같다. 그간의 내 게으름과 무책임이 필요 이상으로 비만체를 만들었음이다. 그러나 흐르는 땀만큼 내 내면은 맑아질 수 있다. 그렇게 비워진 내 안에 아침 산의 맑은 공기와 나무들의 청량한 숨소리와 풀꽃 향기에 흙내까지 가득 채우고 싶다. 어느덧 이순耳順을 지나 저만치 고희古稀를 바라보며 나아가는 걸음이지만 아마도 내려올 때엔 몸도 마음도 한결 가볍고 생각도 맑아져 있을 것 같다. 또 사랑의 빛, 자연으로부터의 힐링 선물이다.

어림짐작

“비가 올 것 같네?” 같이 가던 K가 하늘을 보며 던진 말이다. “글쎄!” 내가 받은 말이다. 올 것 같기도 하지만 그것은 와봐야 알 일이다. 시큰둥한 나의 응대에 그는 더는 말을 잇지 않고 가던 길만 간다. 나도 멋쩍어져 하늘을 쳐다봤다.

하늘엔 구름 한 점 보이진 않지만, 낮인데도 어둑 희끄무레한 것이 금방 비라도 내릴 것만 같다. 그런데 가만히 생각해 보니 이런 우리의 추측이 맞을 때가 참 많았던 것 같다. 내 삶도 이렇게 대충 가늠으로 미래를 예측하고 거기에 맞게 준비도 하면서 살아온 게 많았었다.

나는 적당주의나 어림으로 일을 처리하는 것을 별로 좋아하지 않는다. 완벽하진 못하더라도 최소한 알아볼 것은 미리 알아보고 확인 및 준비로 실행에 옮긴다. 그런데 나이가 들어가면서 나도 모르게 그게 귀찮아지고 대충대충 해버리려 하는 성향이 늘었다.

어제도 그런 내 어림짐작으로 손해를 본 예다. 그러니까 강의 장소로 가는 길이었는데 아침에 밀린 일을 하다 시간이 늦어 급하게 출발을 했다. 버스를 탔는데 그 시간도 아깝다고 급한 원고를 보다가 버스의 안내방송을 놓쳤나 보다.

눈을 들어 보니 아차 내가 내려야 할 정류장을 지나고 있다. 급히 다음 정류장에서 내렸다. 상황을 살피니 가야 할 곳이 보이긴 하지만 시간도 급하고 거기까지 걸어가긴 좀 먼 거리다 싶다. 그렇다면 길을 건너 반대로 가는 차를 타는 게 제일 빠르겠다. '그래 한 정거장 갈아타고 가지 뭐.' 하고는 횡단보도를 건너려는데 그 역시 한참 내려가야 하고 오늘따라 햇볕도 뜨거워 지하도로 가는 게 낫겠다 싶어 에스컬레이터를 탔다. 그리고 반대편으로 나왔다. 한데 버스정류장은 그곳이 아니었다. 한참을 더 아래로 내려가야 했다.

버스가 왔다. 그런데 내가 탔던 번호다. 같은 번호면 환승이 안 된다 해서 다음 차를 기다리니 마침 금방 와 주었다. 당연히 한 정거장 거리이니 모든 차는 그곳을 거쳐 갈 게 분명했다. 아무런 의심도 확인도 않고 버스에 올랐는데 아뿔싸 이게 웬일인가. 차가 가긴 가는데 직진을 하지 않고 좌회전을 하지 않는가. 출구가 많은데 하필 내가 가려는 쪽과는 정반대인 출구가 정류장인가 보다.

결국, 처음 내린 곳에서 걸어가도 이만큼은 걷지 않을 텐데 순전히 좀 편해 보자는 내 얄팍한 심산에다 정확히 확인을 하지 않고 어림짐작으로 결정했던 게 이렇게 나를 곤혹스럽게 만들고 있다. 지하도로 들어가서 한참을 거슬러 올라간 다음에야 내가 원하던 출구에 이를 수 있었다.

그러고 보면 나는 지금까지도 알게 모르게 참 무수히 많은 어림짐작의 삶을 살아왔던 것 같다. 그것이 때로는 오히려 잘되어 복이 된 경우도 없진 않았겠지만 중요한 순간 기회를 놓치게도 했고 큰 낭패를 가져오기도 했다. 그런데도 그 버릇을 버리진 못했다.

대충대충 어림으로 하려는 마음은 현대같이 정확하고 신속한 것을 원하는 시대엔 맞지 않는 성향이다. 그럼에도 그때만 힘들고 화가 날 뿐 금방 또 잊고 어림짐작을 사랑하고 마는 푼수다. 어쩌면 그게 내 살아온 날들 뿐 아니라 살아갈 날들 삶의 방식일지도 모르겠다. 아니 그게 나다운 삶의 방식이고 나다움일지도 모른다. 덕택에 오늘도 20분을 늦었다. 정확히 물어보고 옳게 버스를 골라 탔으면 늦지 않거나 늦더라도 5분 정도만 늦었을 것이다. 지금에도 이러니 아무래도 나이가 더 들어가면 이런 일이 더 많아질 것인데 참으로 걱정이다. 하지만 또 달리 생각해 보면 좀 적당히 살 수 있는 세상, 모자라고 조금 어긋나도 이해하고 포용할 수 있는 그런 세상, 그런 삶이 아쉽다. 그렇다고 하면 나의 이런 처사도 그리 탓만 할 일이 아닐 수도 있겠다.

사실 우리말만 보더라도 한두 되, 서너 걸음, 대여섯 살 등으로 어림짐작의 계량이 많다. 그게 훨씬 우리답고 정겹다. 제값만큼 사고도 덤을 얻는 것은 우리만이 가능한 일인 것처럼 그렇기에 오랫동안 그런 문화로 자리매김이 되었을 수 있다. 그러고 보니 한두 개씩 빗방울이 머리에 떨어지는 것 같다. 친구의 짐작이 맞은 것이다. 우리네 각박하기만 한 삶 속에 이런 여유라도 있어야 살맛이 나지 않을까.

걸음을 조금 빨리하려다 말고 그냥 걷는다. 이 비는 많이 내릴 비는 아니다. 분명 내 짐작이 맞을 게다. 어림짐작은 이렇게 사람을 편안하고 여유롭게 해주는 것임을 새삼 생각한다. 정확한 것이 대세인 세상에서 나의 이런 어림짐작은 나처럼 늘 부족함을 느끼는 사람에겐 얼마나 든든한 백인지 모른다. 그런데 빗방울의 크기가 점점 커지고 있다. 낭패다. 하지만 저쪽 하늘이 밝은 걸 보면 분명 많이 올 비는 아니다.

그 여름의 피서

그해 여름 우리는 동해로 향했었다. 아내와 나, 그리고 장인 장모님, 그렇게 넷이서 복잡함을 피한다고 방학이 끝난 다음 날을 택해 떠났다. 우리의 계획은 양양에서 1박을 하고 다음 날 아침 일찍 북쪽으로 올라가는 것이었다.

모처럼 떠나는 여행 그러나 두 노인을 모시고 떠나다 보니 피서라기보다 효도여행처럼 되어버려 그만큼 노인들의 건강과 안전을 먼저 생각해야 하는 부담도 커졌다. 특히 아무리 좋은 뜻으로라고 해도 노인들이라 여행 중 너무 힘이 들거나 탈이라도 나게 되면 후에 다른 형제들의 집중 원망도 들을 수 있는 일이다. 나도 아내도 그런 점에 먼저 마음이 쓰였다.

여든의 두 노인을 모시는 일은 하나부터 열까지 다 조심스러웠다. 오고가는 길만이 아니라 드시는 것, 주무시는 것까지 집을 떠났기 때문에 일어날 수 있는 예상 못 할 변수들에 각별한 주의가 필요했다.

난 부모님을 일찍 여의어 부모님과는 여행을 할 수가 없었다. 그래선지 장인 장모님이 늘 마음에 걸렸다. 한 번쯤 우리 부부만이 모시고 싶었다. 하지만 시간도 기회도 쉽지 않았다. 먹고 사는 일이 늘 우리를 긴장시켰을 뿐 아니라 아이들과 우리끼리는 그래도 쉽게 움직여지지만, 어른들과의 동행은 아이들의 사정까지 고려해야 하는 것이다. 그래서 내린 결론이 아이들은 빼고 한 해라도 빨리 두 분과만 시간을 갖자고 했다.

서울에서 아산까지 내려가 모시고 와 여행을 한 후 다시 모셔다드려야 하는 꽤 긴 여정이다. 두 분은 아주 좋아하셨다. 시절이 좋아진 덕에 여러 가지 기회들도 많아 오히려 여행은 우리보다 더 많이 다니셨다지만 그래도 딸과 사위가 오붓하게 모신다니 그리 좋으신가 보다. 가는 중에 먹을 것을 준비하는 아내의 손길이 더욱 바빠졌다.

여행은 새로운 것들과의 만남이다. 잘 아는 곳이라 해도 여행으로 찾아갔을 땐 새로운 풍경과 만난다. 그래서 여행을 하는지도 모른다. 한데 어른을 모시고 떠난 길이어서인지 내내 긴장의 연속이다. 다행히 가는 길에선 식사도 잘하시고 기분도 좋으셔서 우리 마음도 가벼웠지만, 오후부턴 비가 내리기 시작했다. 하지만 뙤약볕보다는 비가 내리는 날이 더 나을 것 같다는 생각도 들었다.

다음 날도 비가 내렸다. 어제보다 몇 배나 강한 빗줄기에 바람도 드셌다. 다행인 것은 두 어른 모두 비가 내리는 것을 불편해하지 않으심이다. 덥지 않아 좋다 하신다. 바람 때문에 우산을 제대로 받칠 수 없는 것이 흠이었다. 화진포에서 김일성 별장, 이승만 별장을 들렀더니 유난히 좋아하신다. 그분들 삶 속에서 가장 크게 인식되는 역사의 줄기였던 것 같다.

장인어른은 6·25남침에 맞서 국군으로 싸우셨다. 갓 태어난 딸을 뒤로하고 전쟁터로 나갔었는데 그런 중에도 휴가는 있었는지 잠깐 나온 휴가에 내 아내가 생겨나 그 전쟁 중에 태어났단다. 이승만과 김일성, 분명 장인이나 장모님 모두에게 사상을 떠나서 생애에 가장 큰 영향을 미친 잊지 못할 사람들일 게다.

빗속의 여행은 사람을 더욱 감성적이게 만드나 보다. 거기다 마음도 느긋해 지고 음식점에도 사람이 거의 없어 아주 편안하게 여행을 즐길 수 있었다. 나도 복잡한 때를 피해 피서를 떠나는 편이지만 사실 한창 더울 때는 직장의 사무실에 있는 게 가장 좋은 피서다.

비 오는 날의 여름 바닷가는 또 다른 세계였다. 물 위로 떨어지는 비는 파도와 장난을 친다. 짭짜름한 바닷물에 떨어진 빗방울들이 깜짝 놀랐을 게다. 자기들과 같을 줄 알았는데 뭔가 다른 형질에 짜릿한 쾌감을 느꼈을 수도 있다. 두 분께 우산을 받쳐드리며 바라보는 바다에서 수많은 손짓들을 본다. 반갑다고 하는 인사일까, 잘 가라는 인사일까, 다시 또 오라는 손짓일까. 헤아릴 수 없이 많은 손, 손의 물결들이 다가오는가 하면 멀어져 가고 멀어져가나 싶으면 다가오는 반복 속에 그렇게 추억이 만들어지고 사람들은 그 추억에 잠겼다.

피서란 더위를 피하는 것이지만 더위를 즐기는 것도 피서의 한 방법이리라. 무더운 날 한참 땀을 흘리고 나서 샤워를 하면 몸도 정신도 더없이 맑아지는 걸 느낀다. 그런데 이번은 땀은커녕 오싹 냉기가 들 만큼 시원하다. 비바람 때문이겠지만 우리나라 동해 쪽은 여름에도 분명 시원한 것 같다.

하조대에서 낙산사로 내려와 평창을 들러 한 바퀴 도는 동안 여름이 조금씩 밀려가고 있는 걸 느꼈다. 삼라만상 자연의 질서는 이리 정확히 사람을 돕고 있는가. 그 하루하루의 차이가 질서를 보게 한다.

지금 생각해 보니 그때의 여름 피서가 가장 멋진 피서였던 것 같다. 몸의 피서가 아니라 마음의 피서였다. 어른을 모시고 떠난 효도여행의 그해 여름에 나는 그 덕택에 맑아지고 시원해진 정신과 몸이 되었다.

피서가 못 되었으면 어떠랴. 삶 중에 이만큼 감사하고 보람된 일이 얼마나 있겠는가. 한데 이제는 마음도 시간도 되지만 다시 그렇게 할 수가 없으니 이 안타까움을 어찌 할고.

떠난다는 것

3월, 딸아이가 한 남자를 만나고 그를 따라갔다. 그들에겐 새 삶의 시작이다. 그러나 내겐 시작이 아니라 떠남으로만 다가왔다.

결혼이란 이름으로 부모의 품을 떠난 그 딸이 한 달 후 지구 반대편에 있는 나라 파라과이로 가버렸다. 그 한 달조차도 합숙훈련으로 집에는 올 수도 없었으니 결혼식을 올리고 바로 떠나버린 셈이다.

딸아이가 할 이야기가 있다고 했다. 남미 파라과이 선교사로 가게 되었다고 했다. 결혼은 어떡하느냐고 했더니 그것도 하고 가겠다고 했다. 사람이 있느냐고 했더니 있다면서 그와 같이 가겠단다. 언제 가느냐고 했더니 한 달 후란다. 그럼 한 달 안에 결혼하고 가겠다는 것이냐고 했더니 그렇단다.

순간 마음에 짚이는 게 있었다. 내 영역에서 떠났다는 느낌이다. 내가 어찌해 볼 수 없을 큰 힘이 그들을 움직이고 있다는 생각이 들었다. 남자를 보자고 했다. 시간이 없을 테니 내일 새벽기도회에 나오라고 했다. 그렇게 딸아이의 남자를 만났다.

24시간 순댓국집에서 마주하여 국밥 한 그릇씩을 비우고 그날 낮에 부모 상견례를 하고 식장과 주례를 예약했다. 그리고 29일 만에 결혼식을 치렀다. 그런 후 한 달의 선교사 훈련, 딸아이는 그렇게 제 남편과 캐나다를 거쳐 칠레를 거쳐 파라과이로 가버렸다. 떠나는 것보다 보내는 것이 훨씬 더 힘든 것을 그때 알았다.

딱 6개월 후 그해 9월 아들아이가 결혼했다. 그리고 역시 한 달 만에 미국으로 떠났다. 두 아이를 다 떠나보낸 집에서 우리도 둘만 남았다. 떠난다는 것은 돌아오기의 시작이라고 자신을 위로하며 전화기를 통해 들려오는 목소리로 그들 형편을 짐작했다.

아이들이 떠난 방에 남은 것은 그들의 흔적이다. 그런데 그 흔적마다 내 추억이 더 짙게 스며 있었다. 무엇 하나 그렇지 않은 것이 없었다. 추억은 혼자서는 만들 수 없는 것, 그렇고 보면 추억은 관계인 것 같다. 사람과 사람, 사람과 물건이 만들어낸 인연의 흔적이 추억인 것 같다.

난 돌 달에 아버지를, 세 살 때 어머니를 잃었다. 아니 나만 두고 모두 떠나가 버렸다. 형도 하나 있었다는데 그도 내가 태어나기 바로 전에 세상을 떠났단다. 난 얼마큼 자라서까지도 떠난다는 것이 무엇인지도 몰랐다. 내게는 남에게 있는 것이 없다는 현실만 보였을 뿐이다.

삼십 년도 못 살고 떠나버린 부모님을 생각하며 난 쉰 살까지만 살겠다고 했다. 하지만 쉰 살이 다가오자 은근히 두렵고 불안해졌다. 산다는 것은 존재한다는 것인데 어느 날 나도 아버지나 어머니처럼 존재성을 잃어버릴 수 있겠다는 생각이 들어서였다. 어느새 부모님의 삶보다 갑절 넘게 살고 있다. 어쩌면 두 분이 못 다 산 삶을 내가 이어받아 사는지도 모르겠다. 하지만 기억도 할 수 없는 두 분이 떠난 자리가 나이가 들수록 더욱 선명하고 크게 느껴진다. 그분들이 있어야 할 자리에 내가 있는데도 그분들의 빈자리가 느껴진다.

딸아이와 사위가 떠난 지 만 1년 만에 돌아왔다. 아이를 가졌는데 그곳 의료시설과 환경이 아이를 낳아 키울 수 없겠다는 결론에서였다. 그들이 돌아오는 날엔 갈 때보다 짐이 더 많았다.

돌아오기 위해 떠나는 것처럼도 생각되었다. 이제 얼마 안 있으면 미국의 아들네가 돌아온다. 만 5년 만이다. 신분문제가 해결되지 않아 돌아오게 된 것이라지만 이 또한 거역 못 할 힘의 섭리가 아닐까 싶다. 갈 때는 둘이 갔는데 돌아오는 길은 넷이다. 갈 때는 빈 몸으로 갔는데 돌아오는 짐도 많아졌을 것이다.

그런데 문득 모든 길이 이렇게 떠났다 돌아오는 것만은 아니라는 생각에 멈춘다. 그렇다면 이런 떠남들은 아주 떠나야 할, 그래서 돌아오지 못할 길을 가야 할 어느 날의 그 길을 위한 예행연습이 아닐까 싶다. 잠시 헤어지는 것도 이리 안타깝고 슬픈데 다시는 만날 수 없는 길로 떠나는 마당에선 어찌 될까. 그런데 그 길을 떠나는 대상 중 우리 집에선 내가 가장 빠를 것 같다는 생각도 틀릴 것 같지는 않다.

겨울이 가면 봄이 온다. 봄은 유난히 빨리 간다. 그건 나만의 느낌일 수도 있다. 그러나 세상의 모든 질서가 바로 떠남에서 바로잡힌다는 사실을 우린 가끔 잊고 산다. 떠남은 나를 비움이고 내 자리를 치움이고 내 역할을 중지함인 것 같지만 나라는 존재 대신 더 크고 확실한 존재에 나를 편입시키는 것이고 내가 있던 자리를 더 크고 든든하게 확장하는 것이고 내가 하던 역할을 더욱 강화하는 것이 아니랴. 그렇게 세상은 발전하고 변해 간다.

이번에 이사하면서 떠나보낸 것들이 참 많다. 많은 양의 책을 떠나보냈고 쓰던 가재들을 대부분 떠나보냈다. 새집에는 이미 새것들이 갖춰져 있기 때문이기도 했지만 가져와도 둘 공간이 없어서였다. 그러면서 이번에 가져온 이것들도 되도록 빨리 내게서 떠나보내 줘야겠다는 생각을 했다. 자리가 비는 것이 아니라 새로운 것으로 채워질 공간이기 때문이다. 내가

차지하고 있는 이 공간이 혹시라도 다른 무엇의 자리를 침범한 것이 아닌지도 모르겠다.

식물은 절대로 다른 잎을 가리지 않는다고 한다. 광합성작용을 할 수 있도록 어떻게든 자리를 비켜준다고 한다. 한데 사람만은 그렇지 않은 것 같다.

이제 아들네가 돌아오면 손주만 다섯이다. 나와 아내를 통해 열한 식구의 대가족이 된 것이다. 딸과 아들은 내 그늘이었다. 그러나 손주들은 제 아비와 어미의 그늘에 있다. 내가 없어도 그들은 그 그늘에서 잘 살아갈 것이다. 그렇게 보면 나나 아내는 곧 떠날 사람이 되어있다. 그게 자연의 섭리요 질서이리라. 그래서 지금 이 자리, 내가 있는 여기가 더욱 소중하게 느껴진다. 그렇다면 떠날 그 날을 위해 내가 지금 해야 할 일은 무엇일까.

아파트 뒤, 산 위에 걸려있던 해가 그새 꼴깍 넘어가 버리고 없다. 그도 자리를 내주고 떠난 것인가.

그래도

밤 12시가 다 되었다. 전철에서 내려 에스컬레이터를 타고 막 내리려는데 한 할머니가 내 발을 붙든다. "이거 떨이인데 다 가져가요. 집에 들어가야 하는데 이게 남아서 못 가고 있어요."

노인은 스무 개가 넘을 배를 에스컬레이터 옆 좁은 공간에 쌓아놓고 있는데 말처럼 남은 것을 집으로 가져간다는 것도 쉽지는 않을 것 같았다. 다행히 아내와 함께인 것을 믿고 좋은 일 한다는 셈 치고 더럭 사주기로 해버렸다. 그런데 화장실에 간 아내가 오질 않는다. 아내가 오면 나눠 들고 갈 심산이다.

스무 개가 넘는 유난히 커다란 배를 비닐봉지에 나눠 담으니 네 봉지 가득이다. 할머니께 값을 내고 났을 때에야 아내가 왔는데 표정이 심상치가 않다. 아니나 다를까 화가 잔뜩 나 어떻게 사람이 그럴 수 있느냐는 것이다. 요즘같이 험한 세상에 늦은 밤 아무도 없는 지하철역 화장실에 아내가 들어갔는데 혼자 가버리는 사람이 어디 있느냐는 것이다. 내 딴엔 좋은 일 한다고 으스대며 아내를 기다리던 참인데 상황은 전혀 내 예상과는 달리 변해 버렸다.

그런 중에도 아내는 상황을 짐작한 듯 화풀이 감으로 잘 되었다 싶기라도 했던지 이걸 다 어쩌려는 것이냐고 눈에 불을 켰다. 나도 질세라 먹으면 되지 뭘 어떡하느냐고 했더니 요즘 같은 날엔 배는 하루도 못 가 다 물러버릴 것인데 이 많은 것을 어떻게 할 것이냐고 윽박지른다. 거기다 이 무거운 것을 집까지 어떻게 들고 갈 것이냐고 했다. 자기는 뾰족구두를 신어서 들고 갈 수가 없다는 것이다. 나는 요즘 손이 아파 매일 치료를 받는 상황인데 참으로 난감했다.

상황이 심상치 않음을 눈치챈 할머니는 돈은 받았겠다 서둘러 정리를 하고 그곳을 떠날 채비를 한다. 그러나 이미 엎질러진 물이고 내 딴엔 할머니 도와드린다고 한 것인데 뭐 그렇게까지 화를 내느냐고 따졌다.

아내는 자기도 여러 번 그렇게 해주었는데 나중에 보니 남은 것은 차가 와서 다 실어 가더라며 다 상술이라고 몰아붙였다. 그러고 보니 내가 장사 수완에 걸려든 것 같기도 하다. 하지만 어디까지나 내 생각은 순수하게 할머니를 돕고자 한 것이었고 그 마음만은 기특한 것 아니냐고 했다. 그러나 아내가 정작 화가 난 것은 아무래도 아까 지하철 화장실에 자기 혼자 남겨두고 올라와 버린 것에 대한 화풀이가 더 크게 작용하는 것 같다.

사실 나는 화장실에서 나오면 바로 에스컬레이터로 연결되기 때문에 별문제가 없다고 생각을 했다. 그러나 여자 마음은 그렇지 않은가 보다. 늦은 밤에 혼자 화장실에 들어간다는 것도 겁이 났을 법하다. 그런데 나와 보니 남편은 가버렸고 덩그러니 혼자가 되었다 생각하니 무서움증이 확 들었을 수도 있겠다. 그래 화가 나서 씩씩대며 올라왔는데 남편이란 사람이 또 일을 저질러 놓고 있었던 것이다. 자기도 몇 번을 그리해 주었다는 아내의 말에는 나도 더 할 말을 잃었다.

그럼에도 마음 한구석에선 이왕 그렇게 된 것이면 '그래 당신 마음이 곱소.' 하고 넘어가 주었으면 얼마나 좋았을까 싶기도 했다. 그러나 화가 나 있는 아내에겐 역시 무리였다.

집에까지 배를 옮기면서 큰 곤욕을 치렀다. 평소에는 가깝던 거리가 이날따라 어찌나 먼지 거기다 배는 어찌 이리 커가지고 사람 힘들게 하나 싶었다. 화난 아내에게 맡길 수도 없고 더구나 뾰족구두를 신은 채로는 들고 가기가 여간 힘든 게 아니어서 아내에게 지키고 있으라 해놓고 한 번 갖다 놓고 와서 다시 가지러 왔다.

그 밤 내내 혼자 애를 먹었다. 아내는 문을 닫고 방으로 들어가 버렸으니 어떻든 내가 이 배를 다 처리해야 하는 것이다. 배는 아이 머리통만 하게 큰데 가져온 것 중의 반은 아내의 말대로 벌써 만지면 물렁물렁했다. 어떤 것은 손에 잡을 수도 없을 만큼 흐늘흐늘 한 것도 있다. 순간 속에서 은근히 부아가 치밀어 올랐다. 아내 말처럼 내가 당했다는 생각이 들었다. 그러나 어쩌랴. 이걸 아내가 알면 더 난리일 텐데 차라리 내가 조용히 해결하는 게 나을 것 같았다.

우선 배를 1등급, 2등급, 3등급으로 분류했다. 3등급은 지금 먹지 않으면 버려야 할 것들이다. 배즙을 내든지 해야 할 것들이다. 깎아서 큰 그릇에 썰어 담아 냉장고에 넣었다. 그리고 2등급 3등급은 신문지로 하나씩 쌌다.

그것들을 딸네에다 먼저 인심을 쓰기로 했다. 두 봉지 가득 담았다. 손주를 위해 배 깍두기를 담으라 했고 맘껏 먹으라고 선심을 마구 썼다. 속았다는 생각과 생각잖게 돈도 들었지만, 할머니께 좋은 일을 했다는 마음을 갖기로 했다. 어쨌든 이 일로 우리 집엔 배 풍년이 들었다. 아내도 먹는 건 잘 먹는다.

풍덩풍덩 경비실에도 나눠주고 음식에도 폭폭 깎아 넣고 냉장실에서 시원해진 배를 깎아 먹으니 입에 살살 녹는다. 워낙 배가 커서 신문지에 하나씩 싸서 넣어둔 것들도 냉장실 가득이다.

배 한 번 잘못 샀다가 혼이 단단히 났다. 그래도 마음은 즐겁다. 설혹 사실이 그렇지 않더라도 모처럼 좋은 일 했다는 생각엔 변함이 없고 딸네에도 비싼 배를 넉넉히 나눠줄 수 있었으니 그만하면 장사치곤 괜찮은 장사가 아닌가. 아무리 장사라도 세상이 어찌 이리도 믿음이 없어져 버렸는가 아쉽기는 했지만 좋은 쪽으로만 생각하기로 했다. 그런데도 마음 한구석이 개운치 못한 것은 아내의 말 한마디 때문이다.

"나도 몇 번 그렇게 해 주었는데 나중에 보니 남은 것은 차가 와서 실어 가더라고요." 그래도 난 그 할머니가 그 늦은 시간에 그 배들을 집으로 가져가게는 할 수 없었다. 피하듯 자리를 떠나는 할머니의 모습이 눈에 잡히지만 그래도 할머니께 좋은 일 했다는 생각엔 변함이 없다. 그래도 완전히 가시지 않는 마음 한구석의 아쉬움은 또 뭘까.

이를 닦으며

요즘 들어 신경 쓰이는 것 중 또 하나가 치아齒牙다. 이 또한 나이가 들어가는 자연현상이겠지만 삶 속에서 가장 예민하게 작용하는 것 중 하나여서일 게다. 그래서 큰맘을 먹고 장만한 게 있다. 전동칫솔이라는 것인데 배터리의 힘으로 칫솔질이 되는 자동 칫솔이다.

내 이齒는 튼튼한 편이 못 된다기보단 몇 번의 수난을 겪었다. 비교적 고른 이를 가지고 있던 내 이가 첫 수난을 당한 것은 참으로 어처구니없게였다. 그러니까 35년쯤 전일 게다.

저녁 해으름께에 배드민턴을 치고 있었다. 날이 너무 어두워진 것 같아 그만 쳐야지 하고 라켓을 내려놓고 있는데 갑자기 눈앞으로 셔틀콕이 날아들었다. 순간 손에 들고 있던 라켓을 올리며 그걸 받아냈다. 그런데 '톡' 하는 아주 미묘한 소음이 난 것 같았는데 이에 통증이 왔다. 부자연스럽게 무방비 상태로 중간쯤을 잡고 있던 라켓이 위로 쳐올려지는 순간 라켓 손잡이 부분의 끝이 하필 앞니를 살짝 건드렸나 보다.

이는 보기 좋게 반쪽만 남기고 떨어져 나가버렸다. 금방 신경이 노출되어서인지 시리기까지 했다. 그러나 당장은 어찌해 볼 수도 없는 상황이었다. 무식하게도 아픈 것을 참으면서 시간이 가면 괜찮겠지 했는데 남아있는 이가 까맣게 변해갔다.

가까운 치과엘 들렀다. 신경이 밖으로 노출되어 있고 이가 죽어간다고 했다. 그러면서 이를 빼야 한다고 했다. 그래서 뺄 이라면 빨리 빼버리자고 바로 빼버렸다. 그런데 그때부터 문제였다. 음식을 제대로 먹을 수가 없었다. 말도 새나왔다. 참으로 난감했다.

그때 마침 처형이 대학병원 치과에 근무하고 있었는데 함께 있던 교수가 개원을 한다 했다. 나는 개원기념으로 그곳에서 이를 했다. 빼버린 이 자리에 새 이를 만들어 끼우는데 그걸 위해 양쪽의 멀쩡한 두 이를 송곳처럼 갈아내고 만든 이를 걸쳤다.

두 번째의 수난은 어금니에 왔는데 무언가를 씹다가 자지러지게 놀랐다. 갑자기 이가 아파왔다. 언제부터 그랬었는지 모르지만 이에 금이 가 있었는데 갈라진 틈새의 신경을 음식물이 건드렸나 보다. 이로 인해 고생을 어지간히 하다가 결국 그이도 빼내고 그 자리에 두 개의 이를 임플란트로 심었다. 엄청난 돈을 들여 이를 했지만, 여전히 불안하다. 특히 질긴 것은 가장 큰 난적이다.

가을이면 잇몸이 시려 견딜 수가 없다. 죽염으로도 양치질을 해보고 약도 먹어보지만 매년 연례행사가 걸러지지 않는다. 그래서 요즘엔 눈에 보이는 먹음직한 것도 일단 우선멈춤을 한다. 그리고 아주 조심스럽게 접근 또는 시도를 한다.

그런 내게 유혹의 물건이 보였다. 힘들여 칫솔질하지 않아도 되고 손 칫솔질로 할 수 없는 부분까지도 되며 짧은 시간에 몇 배의 효과적 이 닦기로 이를 보호할 수 있다 했다. 그런데 너무 고가高價다.

이 닦기에 이만한 돈을 투자해야 하나 하는 의아심도 생기는데 그보다 소모품인 갈아 끼우는 칫솔 가격이 또한 만만치 않다. 그게 더 마음을 주저하게 한다. 한데 이를 보호할 수 있다면 이 정도 투자는 감수해야 한다는 생각과 50% 할인 구매권이 있다는 것이 계속 구매 쪽으로 마음을 당겨간다. 그렇게 장만한 전동칫솔이다.

처음 몇 번은 더 불편하고 오히려 이가 뻐근하기까지 했는데 몇 번 써보니 확실히 좋다. 더구나 시간까지 체크해 주는

데다 힘이 너무 주어지거나 하면 찡그리는 인상이 나타나 얼른 수정하게 한다.

그런데 이렇게 전동칫솔을 쓰다 보니 사람이 어디까지 편리함을 추구하게 될까 하는 생각이 든다. 이러다간 밥을 떠 넣어주는 로봇으로 식사를 하는 건 아닐지 모르겠다.

사람이란 앉으면 기대고 싶고, 기대면 눕고 싶은 게 인지상정이다. 그러니 그게 어디 전동칫솔만이랴. 머리를 써서 지혜롭게 산다는 것이 결국은 사람의 동선動線을 줄이는 것이고 움직이지 않고도 할 수 있도록 하는 것이 아니랴. 그래놓고는 운동부족이라며 돈을 내고 운동을 한다. 가장 좋은 운동이 '걷기'라는데 그런 건 아무나 할 수 있어서 체면상 싫고 돈이 많이 드는 운동을 하려 한다. 하지만 돈이 많이 든다고 좋은 운동이랴. 가장 효과적인 건강법은 자기에게 맞고 쉽게 할 수 있고 돈이 들지 않는 것이 아니랴.

아무리 돈이 많아도 건강은 살 수 없다지 않던가. 사람의 수명이 늘어나면 가장 문제가 되는 게 이齒라고 한다. 50년 정도 사용하던 이를 수명이 늘어나 80년 90년씩 배를 더 사용해야 하니 문제가 안 될 수 없다. 거기다 식생활의 변화로 산성 음식을 많이 먹게 되어 이가 쉬 약해지고 파괴되니 더욱 문제다.

나 또한 이에 제일 자신이 없다. 그래서 장만한 전동칫솔이기도 하다. 그러니 비싼 돈 들여 산만큼 열심히 잘 사용하여 건강한 이를 유지한다면 될 일이다. 이가 아파 고생을 해 보거나 이가 좋지 못해 먹을 것, 먹고 싶은 것 제대로 먹지 못한 고통을 겪어보지 않은 사람은 이의 고마움, 좋은 이를 가진 행복을 미처 알지 못하리라. 그러고 보니 보통 10년이 수명이라고 들었는데 35년이나 아무 문제 없이 쓰고 있는 두 개의 이를 해 준 그때의 치과의사가 한없이 고맙다. 해서 치과의사협회에 알아본 적도 있다. 그러나 어쩐 일인지 이름이 없었다. 세월이 이만큼이나 흘렀으니 그사이 돌아가신 것은 아닌지 모르겠다.

전동칫솔로 왼쪽부터 칫솔질해본다. 칫솔질을 한다기보다 이에 칫솔을 잘 갖다 대면 된다. 잘 닦아야 한다. 그래서 이의 건강이 유지되어야 한다. 네가 잘 도와줘야겠다. 칫솔을 갖다 대며 칫솔에게 말을 건넨다. 저도 이런 내 마음을 알까. 결국, 이제 우리의 삶도 내 힘으로보다는 기계건 사람이건 도움을 받지 않으면 안 되게 되어있다. 전동칫솔이 열심히 내 이를 구석구석까지 닦아주고 있는 이 아침 나는 착한 아가가 되어 그에게 이를 맡기고 있다. 거울에 붙여놓은 안내기에서 스마일 표정이 아주 기분 좋게 활짝 웃고 있다. 아주 잘하고 있다는 그만의 표현이다.

4. 어머니의 노래

꽃아, 꽃아 봄꽃아

어머니의 노래 1

어머니의 노래 2

나중에, 다음에

눈빛

재봉틀

사진 두 장이 주는 슬픔

간이역

말장구 맞장구

그래도 그때가 그리운 것은

어떤 평화 마을의 총소리

사막에서 피운 꽃

꽃아, 꽃아 봄꽃아

길상사 뒷길에서 어린 꽃을 만났다. 갓 부화한 병아리 노란 부리 같은 꽃잎이 다섯 장, 늘어뜨려진 가늘고 마른 줄기에 만들어 붙여놓은 듯 피어있는 영춘화였다. 이름처럼 봄을 맞이하는 꽃, 겨울 속에서 봄을 마중 나가 환영하는 봄소식으로 어렵게 피어난 꽃이었다.

매서움은 가셨다지만 아직도 차가운 날씨라 아마 피어나면서도 추워 추워하며 온몸을 움츠렸으리라. 그러면서도 자신이 피어나지 않으면 봄이 오지 못한다는 사명감으로 꿋꿋이 피워낸 역사일 게다. 그 사이 개나리와 만리화가 피어날 준비를 하고 또 분홍색 진달래도 철쭉도 순서를 지키며 피어날 것이다.

어느새 4월이 다 가고 있다. 베란다에서 춘란도 꽃을 피웠다. 뿐인가 매화도 목련도 피었다. 다들 열심히 꽃을 피워냈다. 시골에 심어놓은 매실이며 배와 사과나무도 꽃을 피웠을 것이다. 그러고 보면 봄은 꽃의 계절이다. 세상이란 꽃밭에 피어나는 꽃들의 함성으로 온 세상이 들썩들썩하는 것 같다.

지난주엔 교회에서 유아 세례식이 있었다. 열하나의 아기들이 부모의 품에 안긴 채 세례를 받는데 그 모습들이 또한 그냥 꽃이었다. 웃는 모습은 말할 것도 없고 찡그리거나 뭐가 맘에 안 드는지 울음보를 터트리는 모습까지도 귀엽고 사랑스럽고 아름다웠다.

산다는 것, 행복하다는 것도 이런 사랑스러움, 이런 아름다움을 보는 즐거움이 아닐까. 피어난 꽃이건 고만고만한 아기들이건 작은 것들이 보여주는 아름다움이 곧 행복이었다.

나도 어느새 손주가 다섯이나 되었다. 그들의 앙증맞은 작은 손을 내 손안에 가두면 그냥 사랑스러움과 행복이 만져졌다. 보고 또 보아도 보고 싶고 눈에 넣어도 아프지 않다는 말이 맞을 듯 귀엽고 사랑스럽다. 그러나 어느 순간 이 모든 것들도 순간이란 생각이 들었다. 영춘화를 보며 봄소식을 듣던 날에도 개나리가 그리고 만리화가 따라 피어날 준비를 하고 그사이에 봄도 가던 것처럼 삶 또한 그렇게 순간으로 가고 있는 것을 어쩔 수 없다. 하지만 간다는 것 또한 자연의 질서요 순리가 아닌가.

두꺼운 겨울옷 채로 걷던 길상사 뒷길 담장에서 영춘화迎春花를 만났을 때 이미 봄이 와 있었음을 보았다. 겨울의 끝자락에서 꽃을 피워 봄을 알리는 전령사로는 추위를 뚫고 찾아온 반가운 손님이라며 한객寒客이라고도 하는 설중사우雪中四友가 있다. 납매臘梅는 '선달에 피는 매화'라는 뜻이다. 옥매玉梅도 매화의 일종이지만 다매茶梅는 동백꽃이고, 수선水仙은 수선화이다. 그러나 가장 쉽게 눈에 띄는 봄의 전령은 노란색의 꽃이 아닐 수 없다. 매화나 진달래보다도 동백과 납매가 먼저 피지만 노란색의 화려한 색깔이 여기저기서 피어나야 비로소 봄을 실감한다.

꽃이 피었다는 것은 곧 진다는 뜻이기도 하다. 그러나 꽃이

져야 열매가 맺힌다. 열매가 익어야 사람이나 동물의 먹이가 된다. 봄꽃은 그래서 삼라만상의 기운이요 생명을 돋우고 부추기는 힘이다. 소망이다. 꽃이 지는 걸 안타까워하거나 슬퍼할 수도 있으나 그 꽃이 져야만 다른 세계가 열린다. 그러니 봄꽃은 다음 세계를 여는 문이기도 하다.

봄이 가고 꽃이 지면 아쉬워하는 우리, 그래 꽃이 지기 전에 그걸 보겠노라고 발걸음들이 그들을 좇는다. 그러나 꽃은 늘 그 자리에서 피고 진다. 급해 하지도 서두르지도 않는다. 피어야 할 때에 피고 질 때가 되면 진다. 사람들의 마음만 급하고 아쉬워한다.

세상의 대부분 일이 이렇게 일어나고 간다. 조그맣던 아이가 장성하여 그만한 아이를 태어나게 하는 것처럼 우리는 그렇게 가고 오는 길 위에서 작은 간이역이 된다. 지는 꽃을 보며 여름이 오는 것을 알고 그때부터 열매를 기다린다. 아쉽고 안타깝고 서글픈 감정보다 더 크고 향기로운 것을 바랜다.

창문을 연다. 피어나고 지는 꽃들 사이로 파랗게 올라온 이파리들이 이제 저희 세상이라며 바쁘다. 새 계절이다. 잘 가라 꽃아 봄꽃아. 이제 꽃대신 잎이, 푸름이 계절의 왕이다. 그 속에서 나는 삶의 마디 하나 만들며 다시 봄을 기다릴 것이다. 그렇게 내년에 다시 만날 꽃, 꽃아 봄꽃아.

어머니의 노래 1

그리움의 틈새에서 사랑의 싹이 튼다

책을 펼치니 세미한 향기가 풍겨난다. 책갈피 사이에 눌려 있던 은방울꽃에서 나는 향기다. 새삼 그날의 햇볕과 바람까지 향기로 살아나는 것 같다.

그랬다. 그 날은 참으로 맑고도 밝은 날이었다. 바람까지 살랑대어 기분 좋게 가을 내에 흠씬 젖게 했다. 눈앞으로는 황금 들녘이, 들녘 끝으로는 아슴하니 바다가 보였다. 어머니가 계시는 곳, 어머니 묘소의 벌초를 하던 날이 보랏빛 여운을 안은 채 책갈피 속에서 눌린 은빛 꽃으로 싱긋 웃고 있다.

올해는 7월 윤달이 들어 추석은 조금 늦은 것 같으나 계절의 시간은 어김없이 지켜지는 것 같다. 그래서일까. 마음은 더욱 급해졌다. 하기야 해야 할 일을 못 하면 빚진 마음일 수밖에 없다. 더구나 여름 초의 엄청난 비를 동반했던 장마로 여린 풀들은 지레 잦아들게 했지만 드센 놈들은 오히려 웃자라게 했다. 덕택에 억센 잡초만 무성해 모양새가 말이 아니었다. 지난번 다녀갔을 땐 아무 장비도 없이 들렀던 터라 어찌해 볼 엄두도 못 낸 체 보고만 갔었는데 그게 또 내내 마음에 걸렸었다.

어머니의 묘소다. 초라한 유택, 조금만 더 여유를 가졌어도 이런 마음까진 들지 않았을 텐데 아쉬움이 목까지 올라온다. 그땐 왜 그리 마음만 급했었을까. 몰려드는 불안감에 당장 어떻게든 해야 한다는 쫓기는 마음에서였을 것이다.

너무 멀어 잘해야 1년에 한 번 그것도 휴가 때나 찾게 되던 어머니 산소, 덤불을 헤치며 길을 내는데도 어디가 어딘지를 도무지 알 수 없었다. 그래서 갈 때마다 죄송스러웠다. 엄청나게 우거져버린 숲에서 수색전을 펴듯 묘소를 찾아가는 그런 홍역을 치르고 나면 더욱 그랬다. 가시넝쿨은 어찌 그리 많은지. 그게 다 내 탓인 것만 같았다. 그런데 이쯤이겠다 싶어 겨우 헤치고 들어간 곳에선 어머니 산소가 보이지 않는다. 한쪽의 가지만 다 쳐내서 나름의 표시를 해 놓았던 소나무도 알아볼 길이 없다.

길을 찾을 수 없다는 것처럼 막막하고 답답한 일이 있을까. 사는 중에도 우리는 얼마나 많은 이런 답답함을 만나던가. 그렇다고 포기할 수도 없는 게 삶이지 않은가. 옛날에는 산으로 나무도 하러 다니고 빨리 가기 위해선 산을 넘기도 했기에 없던 길도 생겨나고 있던 길은 점점 넓어지곤 했었다. 그러나 요즘엔 시골에도 집집이 차가 있고 그만큼 도로 사정도 좋아져 좋은 길로 씽씽 차를 몰 수 있는데 누가 산을 넘겠는가. 1년 열두 달 사람 발길이 들 리 만무하다 보니 숲은 제멋대로 우거지고 길은 사라져 버린 것이다.

한나절을 헤매다 겨우 찾은 묘소엔 사방에서 칡넝쿨이 올라와 제 세상인 양 점령하고 있었다. 몸이 멀리 떨어져 있으면 마음도 멀어질 수밖에 없는 법, 멀다는 것은 그만큼 관심을 줄 수도 없음이다. 어머니 산소를 이대로 두었다간 필시 잃어버릴 수밖에 없겠다는 불안이 몰려들었다.

거기다 산도 거칠게 인간을 거부했다. 산과 사람이 함께 살던 때엔 서로를 이해했으련만 이젠 산은 산대로 사람은 사람대로 서로를 이해하기 어렵게 되어버렸다. 결국, 내린 결론이 이장移葬을 하는 거였다. 화장火葬을 할까도 생각했지만 그건 마음에 내키지 않는 데다 다행히 내가 사는 서울에서 멀지 않은 처가 쪽에 묘지가 있다 하여 그곳으로 옮기기로 한 것이다.

앞뒤 가릴 것 없이 마지막 남은 외가 쪽 어른께 급히 구원 요청을 하고 내가 거기 도착할 시간에 맞춰 일을 마쳐 주시길 부탁했다.

날이 꾸물럭 했다. 빨리 서둘지 않으면 안 될 것 같았다. 이른 새벽에 떠났으니 조금은 여유롭게 그쪽 시간에 맞출 수 있을 것으로 생각했는데 예상보다 너무 많이 지체되었다. 그래도 다급한 내 마음을 예견하시고 서둘러 주신 덕에 도착하자마자 어머니의 유골함을 받을 수 있었다. 경황 중에 인사도 제대로 못 드리고 그 길로 다시 거슬러 차를 몰았다.

염려했던 것이 현실이 되어 비가 내리기 시작했다. 처음엔 조금 내리다 그치겠지 했는데 점점 빗줄기가 굵어지더니 갈수록 앞을 분간하기조차 어렵게 몰아친다. 이장될 곳에선 내가 오기만을 고대하고 있을 텐데 좀처럼 차의 속도가 나주질 않는다. 거기다 운전을 하는 사촌 동생이 졸려서 도저히 운전을 못 하겠다고 한다. 하기야 지난밤 눈도 제대로 못 붙인 채 꼭두새벽부터 천 리 길을 운전해 왔으니 그럴 만도 했다. 하지만 그가 잠시 쉬기를 기다릴 수도 없다.

운전대를 바꿔 잡았다. 시간으론 낮이건만 바로 앞도 보이지 않는 폭우 속을 뚫고 차를 몰았다. 비는 왜 내리는 것일까.

고향을 떠나는 것이, 이제 다시는 갈 수 없는 길이라고 슬퍼서 내리는 어머니의 눈물일까. 아니면 유골로라도 40여 년 만에 아들의 품에 안긴 감격에서일까.

예정보다 세 시간이나 더 늦어버렸다. 억수로 쏟아지는 빗속에서 포클레인도 올라오지 못한다 하여 급하게 사람 손으로 마련된 두 번째 유택, 빗물이 고이는 것을 막기 위해 갖은 애를 쓰면서 참으로 어렵게 묘를 썼다. 그러다 보니 제대로 묘 터도 확보하지 못했는데 나중에 손을 보리라 했던 것이 그 또한 쉬운 일이 아니어서 그 날 이후 이렇게 굳어져 버리고 만 것이다. 그렇게 벌써 십수 년이 흘러버렸다. 사실 어머니의 묘소가 멀다는 것은 내게 적당한 핑곗거리를 주었다. 그 멀다는 것으로 내 게으름도 정성스럽지 못함도 합리화하곤 했다. 하기야 내 양심의 문제지 누가 그렇게 어머니 산소를 찾나 안 찾나 눈여겨볼 사람이나 있겠는가. 그러나 산소가 가까워졌다고 해도 찾아뵙기가 어렵기는 마찬가지였다. 이번 추석을 앞두고도 그렇게 통 시간을 낼 수 없어 차일피일 벌초를 못 하다가 오늘에야 이른 것이다. 그래서 사람을 간사한 동물이라 하나보다. 어디 갈 때 마음 올 때 마음 다르다고 하듯 항상 자기 기준으로 생각하는 게 사람이니 말이다. 하지만 내게 어머니는 그래서 더욱 안타까움이 된다. 눈앞에서 어머니의 묘소는 가을 햇살 바라기를 하는 아이 같다. 조금은 수줍듯 한 표정으로 장난스럽게 부신 빛을 피하는 그런 모습으로 묘소가 아니 어머니가 그렇게 거기 계셨다. 내가 그 앞에서 있는 것을 알고도 모른 체하는 듯이.

어쩜 어머니는 이렇게 꽃으로 내게 편지를 쓴 것인지도 모르겠다. 그런 걸 내가 못 알아보고 듣지 못했던 것이 아닐까. 저 지난날 할미꽃은 할미꽃대로, 구절초는 구절초대로, 이렇게 철 늦은 은방울꽃은 또 그것대로 내게 보내는 어머니의 그리움 편지가 아닐까. 아니 나는 지금도 바람 속에서 어머니의 연가를 듣고 있는 지도 모르겠다.

어머니의 노래 2

또 하나 그리움의 소리

어머니 앞에 선다.

'어머니, 1년 만에야 단장을 해드리는군요.' 어머니는 여전히 말이 없으시다. 어머니 산소의 벌초는 내게 또 다른 의미가 있다. 바로 어머니와 가장 가까이 만나는 시간이기 때문이다. 그래서 기계를 쓰지 않고 늘 낫만으로 벌초를 해 왔었다. 그런데 지난해 벌초를 한 후엔 크게 앓았다. 벌써 나이 탓일까. 그래서 이번엔 더럭 겁부터 났다. 그렇다고 그것마저 남에게 맡길 순 없었다. 해서 올해엔 예초기를 빌려왔다. 어머니도 내 그런 마음은 용서해 주시리라.

그렇게 빌려온 예초기를 막 작동시키려는데 묘소 머리맡에

때아닌 은방울꽃이 피어있다. 가녀린 몸매에 여섯 개나 방울을 달고 빤히 나를 쳐다보고 있다. 은방울꽃은 5년은 되어야 꽃이 피는 것으로 알고 있는데 참으로 신기했다. 여름께에 다녀갈 때만 해도 보지 못했는데 그것도 제 피어날 때를 한참이나 지난 지금에 어떻게 이렇게 피어나 나를 보고 있는 것일까.

그러고 보니 지난해와 저 지난해엔 아들 녀석이 벌초를 했었다. 벌초 전에 잔디가 아닌 것은 무조건 다 뽑아내는 나와는 달리 아들은 그냥 베어내기만 했을 수 있다. 어디선가 씨가 날아와 하필 그 자리에서 싹이 텄었나 보다. 그런데 워낙 척박한 곳이라 제대로 자라지도 못해 눈에 띄지도 못했을 것이고, 두 해 동안 아들 녀석 덕택에 명맥을 유지할 수 있게 된 것이 올해엔 이만큼이나 자라 철도 놓친 채 늦꽃을 피우게 되었나 보다.

은방울꽃은 향기 나는 꽃이라 하여 향수화香水花, 난초의 품위를 가졌다 하여 초왕란草王蘭, 난초 같은 식물에서 은색 방울처럼 꽃이 핀다 하여 영란화鈴蘭花라 불린다. '틀림없이 행복해집니다.'란 꽃말로 상쾌, 쾌락, 행복의 복귀, 기쁜 소식 등 의미를 가져 사람들의 사랑을 받는 꽃이다. 휘어진 줄기에 조그만 방울 같은 하얀 꽃을 나란히 매달고 아침 이슬같이 청순하게 피어나는 꽃, 청초하고 우아한 모습만큼이나 인적이 드문 고지대나 골짜기의 깊은 숲 속 반그늘에 피는 꽃인데 어찌하여 양지인 이곳에 피게 되었을까.

내 기억 속의 어머니는 흑백사진 속에서 흰 저고리에 검은 치마실제도 희고 검은색이었는지는 모르겠다로만 살아 있다. 그런데 오늘 어머니의 산소에서 은방울꽃을 만나고 나니 다른 분위기의 어머니가 연상된다. 은방울꽃은 은은한 은색이다. 어머니가 정작 좋아하셨던 색깔도 이런 은색이었을까. 그렇다면 50년도 지난 지금에 와서야 왜 새삼스레 내게 당신의 색을 알리고자 함일까. 그러고 보니 그냥 피어난 꽃이 아니라 '너를 위해 피워낸 꽃'이라 말하고 있는 것 같기도 하다.

옮겨오기 전의 어머니 묘소엔 유달리 할미꽃이 많이 났었다. 한데 그 할미꽃을 보면 자꾸만 눈물이 났다. 스물아홉 젊은 모습으로만 기억되던 어머니가 할머니로 바뀌어 가는 것 같았기 때문이다. 그래서 보는 족족 뽑아내곤 했었다. 그런데도 다음 해에 보면 여전히 여기저기서 피어나곤 했었다. 하지만 그렇게 또 피어난 것에 나도 몰래 안도감이 들었다. 그뿐인가. 그것은 어머니가 내게 보내는 어떤 메시지가 아닐까 싶어져 그냥 놔두게 되었다.

그리움은 때로 이상한 갈증으로도 나타나게 하나 보다. 어떤 기억이 지워지고 그 위에 새로운 기억이 쌓이는 것도 안타까움일 수 있다. 하지만 지워지면 지워진 대로 그 빈자리라도 생겼어야 할 텐데 그냥 뭔가 다른 걸로 채워져 버린다는 것, 그렇게 잊혀버린다는 것은 내겐 가장 감당키 어려운 일이다. 최소한 슬픔이 지나간 자리 그 흔적이라도 남아 있어야 한다는 생각이다.

벌초를 시작했다. 처음으로 예초기를 사용하는 것이 부담도 된다. 은방울꽃은 그냥 놔두기로 했다. 예초기의 칼날에 상할세라 꽃의 주위는 낫으로 베어내기로 하고 조금 멀찍이서 칼날을 작동시켰다. 그런데도 옆의 풀들을 베어내자 곧추서 있질 못한다. 기다렸다는 듯이 그냥 힘없이 누워 버린다. 지금까지 어떻게 목을 가누고 있었을까 싶을 만큼 힘이 없다. 할 수 없이 이쪽저쪽 젖혀가며 벌초를 했다. 묘소 옆엔 구절초도 몇 포기 피어 있다. 구절초 꽃은 꺾어 벌초를 마친 후 어머니께 드려야겠다.

벌초가 한결 쉽게 끝났다. 예초기 덕이다. 비로소 하늘을 쳐다본다. 서울이 아니어서일까. 오늘따라 유난히 맑은 하늘이다. 예초기에 파인 곳을 밟아주고 구절초 꽃다발을 어머니께 드렸다. 구절초 꽃은 내가 좋아하는 꽃이기도 하다. 그런데 은방울꽃이 문제다. 저렇게 며칠이나 갈 수 있을까. 그냥 시들어버리게 놔두는 것은 왠지 죄를 짓는 것만 같다. 아내가 옆에서 꺾어 가자고 거든다. 꺾어간다 한들 그 또한 금방 시들 것 아닌가.

찬찬히 꽃을 바라보았다. 바람에 꽃잎이 움직인다. 그런데 그게 무언가 말을 하는 것만 같다. '아들아 내가 네게 보내는 선물이다.' 그럴까. 겨우 걸음걸음 걸을 수 있을 때 나만 남겨두고 떠나야만 했던 어머니, 어찌 쉽게 눈을 감을 수 있었으랴. 한마디 말도 들려주지 못했던 안타까움이 세상을 떠났다 해도 한으로 남아있을 법한 어머니의 슬픔이 내게도 전해져 온다. 은방울꽃을 땄다. 아내가 가져온 책의 갈피에 조심스레 눌러 끼웠다.

어쩜 어머니는 이렇게 꽃으로 내게 편지를 쓴 것인지도 모르겠다. 그런 걸 내가 못 알아보고 듣지 못했던 것이 아닐까. 저 지난날 할미꽃은 할미꽃대로, 구절초는 구절초대로, 이렇게 철 늦은 은방울꽃은 또 그것대로 내게 보내는 어머니의 그리움 편지가 아닐까. 아니 나는 지금도 바람 속에서 어머니의 연가를 듣고 있는지도 모르겠다.

귀를 세우고 바람 소리에 집중해 본다. 은방울꽃도 귓가에 대본다. 살랑대는 바람결 속에서 어머니의 목소리가 들려오는 것 같다. 하지만 내겐 어머니의 목소리에 대한 기억이 전혀 없다. 그렇지만 지금이라도 만일 어머니의 노래를 듣는다면 나는 그것이 어머니라는 것을 금방 알아낼 수 있을 것 같다.

어머니의 목소리는 큰 이모와 닮았을까, 막내 이모 목소리 같을까, 아니면 돌아가신 외할머니 목소리 같을까. 그러나 내게 그런 건 아무 문제도 아니다. 어떠한 경우에서도 나는 어머니의 목소리라면 금방 알아들을 수 있을 것이다. 하지만 내게 어머니의 목소리는 여전히 바람 소리 같은 환청이다.

한데 은방울꽃과의 만남은 달랐다. 어머니의 노래를 들을 수 있게 된 것이다. 소리로가 아닌 가슴으로 느껴지는 노랫소리, 해가 갈수록, 내 나이가 들어갈수록 조금씩 구체화 되어가던 목소리다. 은방울꽃을 보는 순간 귓가에 아아라이한 소리가 잡혀 왔던 것이다. 환청이라도 어머니의 목소리를 들을 수 있다면 나는 세상의 어떤 것을 갖는 것보다도 정말, 정말 더 기쁠 것이다.

일부러 철 지나 피어 내게 당신의 존재를 일깨워 주려 했을까. 이렇게라도 당신의 노래를 내 가슴에 심어야 바쁜 내 삶 속에서 당신은 내가 쉴 수 있는 여유의 한 공간 평화의 쉼터로 존재할 수 있었음일까. 오늘에야 깨달은 것은 어머니를 향한 내 그리움이 어머니의 노래를 만들어 내었고 그 노래가 다시 내게로 온 것이라는 사실이다.

아무것도 없는 내 기억의 텃밭에 흑백사진 한 장으로 시작되어 생성되었던 작은 기억들이 어머니란 이름으로 이만큼 구체화 되어 온 것은 그만큼 내 삶 속에선 내가 기댈 만한 것이 없었다는 것도 되리라. 어머니의 노래는 결국 내 안의 그리움이 일으킨 노래요, 내 그리움의 상상에서 비롯된 것이 아닐까. 내겐 그런 기억조차 너무나 소중하다.

책갈피 속의 은방울꽃과 눈 맞춤을 해 본다. 무슨 노랜가를 부르고 있는 스물아홉 살의 어머니다. 어머니의 노래 그것은 하염없이 그리운 사람의 이름을 부르는 타령이다. 그렇고 보면 나야말로 어머니의 노래 속 한 구절일 게고 어머니는 내 노래의 제목일 것 같다.

예초기를 정성스레 닦는다. 오늘은 나 대신 어머니를 돌보아 드린 손길이다. 책갈피를 열어 살짝 눌린 은방울꽃을 본다. 여섯 개의 방울이 각기 다른 음으로 일제히 소리를 내는 것 같다. 그 소리가 모여 어머니의 노래가 된다. 가슴으로만 듣는 노래, 아니 나만이 들을 수 있는 내 어머니의 노래다. 노래의 여운이 전율처럼 온몸을 감싸는 것 같다. 햇살로 향기로 감싸진 내 몸에 어머니는 은방울 소리 노래로 지금 나를 만나고 있다. 그렇게 내 몸을 매만지고 있는 것이다. 책갈피 속의 은방울꽃이 나를 보며 싱긋이 웃고 있다. 어머니는 내게 여전히 그리움의 노래다.

나중에, 다음에

누가 저토록 고운 색감을 입혀 놓았을까. 쏟아지는 햇살을 받으며 부신 황금빛 가을이 한 폭 그림으로 불타고 있다. 아름답다고 아무리 감탄을 해도 다 표현되지 않아 나의 표현력 한계만 나무랄 판이다. 그런데 그런 아름다운 모습에 감탄하고 놀라워할 만큼 지금 내 마음은 편치 못하다. 이 아름다운 가을 같은 나이에 떠나버린 그에 대한 안타까움으로 가슴이 찢어질 것만 같다.

K작가가 밤새 세상을 떴단다. 아픈 데도 없었고 갑자기 죽음에 이를 어떤 이유나 증상도 없었단다. 그런데 지난밤 잠자리에 든 지 얼마 후 가슴이 답답하다 하더니 그대로 숨이 멎어버렸다고 한다. 시를 쓰고 동화를 쓰던 그, 그래선지 늘 천진함이 묻어나던 그는 재주가 많아 컴퓨터도 잘했고 노래도

잘했고 놀기도 잘했다. 그런 그가, 누구보다 건강하던 그가 밤새 안녕이 되어버린 것이다. 계절로 치면 초가을쯤으로 충분히 인생의 가을을 느끼고 즐길 시간이 남아있다고 생각했는데 말이다.

며칠 전 통화 때도 그랬다. "언제 술 한잔 해요!" 내가 술을 안 하는 걸 알면서도 그는 꼭 술 한잔 하자고 했다. 그러면서 "이번 주는 어때요?" 했다. 그러면 나는 순간 머릿속 수첩의 일정들을 바삐 훑어가며 "이번 주는 안 되겠는데…." 했고 그러면 그는 마치 그럴 줄 알았다는 듯 "그럼 나중에 하지 뭐." 했다. 사실 그렇게 '나중에'가 된 게 꽤 여러 번이 되었다.

뭐가 그리도 바빴을까. 이제 그와 나 사이에 '나중에'란 존재할 수가 없다. '나중에'는 얼마든지 있을 것으로 생각했다. 그런데 그 '나중에'는 내 시간도 기회도, 아니 그의 것도 나의 것도 아닌 신의 것이었다. 그러고 보니 난 '나중에'란 말을 참 많이도 공수표처럼 날리고 살았던 것 같다. 전혀 책임을 지지 않을 양으로 던져버리던 말이었다. 내 할 일조차도 '나중에 하지.' 하며 미루기가 예사였고, 아내가 모처럼 여행을 가자는 데도 '나중에'로 미뤘다. 부담스럽거나 귀찮을 만한 것은 다 '나중에'를 붙여 모면하곤 했다.

샛노란 은행잎이 떨어지면서 바람에 날리고 있다. 가지에 붙은 잎들은 잘 가라고 손을 흔드는 것 같고 떨어지는 잎들은 '먼저 갈게.' 하는 것 같다. 저런 저들에게도 '나중에'가 있었을까. 바람 한 자락만 불어도 손을 놓칠 수밖에 없도록 간신히 붙잡고 있는 저들이 아닌가. 그런 저들에게 '나중에'라고 하면 저들은 얼마나 안타깝고 불안할까.

우리 삶에서도 나중에, 다음에만큼 무책임한 말도 없을 것 같다. '있을 때 잘해.'란 노래처럼 지금 이 순간이 가장 중요한 시간이 아닌가. 나중이란 내가 책임질 수도 내 것일 수도 없는 시간이다. 지금 이 순간조차 나 다음 사람들이 살아갈 시간을 잠시 빌려 쓰는 것이 아닌가. 어쩌면 K가 "나중에 하지 뭐." 했던 것은 '너와는 함께 할 수 있는 시간이 없겠구나.' 하는 체념이 아니었을까.

아름다운 단풍이 바람결에 날리고 있다. 거기서 눈을 뗄 수가 없다. 나중에 보겠다고 눈을 돌리면 남은 것이 하나도 없어져 버릴 수 있다는 불안함이 가슴을 누른다. 그러고 보면 '나중에'란 말만큼 무서운 말도 없을 것 같다. K의 '나중에'란 말이 슬픔의 덩이로 목을 매이게 한다.

내게 알게 모르게 주었던 나를 위한 사랑의 눈빛들이 있었기에 어린 날에 외롭게 살면서도 춥지 않았고 무섭지 않았다.

눈빛

"아이고 어떻게 요로콤 소식도 없이 온다냐? 요로콤 오니께 더 반갑기는 허다만 어서 오그라 내 새끼." 문을 열고 들어간 내 손을 잡은 이모의 눈은 어느새 젖어 있었다. 이 년 전 당신의 손자 수발로 서울에 오셨을 때 뵈었으니 그리 오래된 건 아니건만 이모는 내 손과 아내의 손을 함께 잡고 놓을 줄을 모르신다.

올해도 가을이 다 가건만 바깥바람 한 번 못 쏘인다고 아내는 투정을 해댔다. 그러나 나만 바쁜 게 아니라 아내 또한 어찌나 바쁜지 도저히 시간을 맞출 수가 없었다. 그러면서 내가 힘들어하는 표정이라도 지으면 일을 안 줄인다고 공격을 해댔다. 좀 쉬고 싶다며 직장까지 조기 퇴직을 해놓고 무슨 짓이냐는 거였다. 자기도 퇴직을 했으니 한 2년만 다른 거 다

접어두고 여행이나 하자고도 했다. 하지만 퇴직 후 바로 연결되어버린 각종 강의며 글쓰기들을 아내 말대로 2년쯤 쉰다고 하면 그 후엔 다시 시작하기가 어려울 것이 자명한데 쉽게 아내의 말을 따를 수도 없었다. 해서 지난 1월 아들네가 있는 미국으로의 한 달간 여행도 아내 혼자 다녀왔다.

가만 생각해 보니 아내에겐 미안한 게 한둘이 아니다. 내가 표현을 잘 안 해서 그렇지 마음은 그런 게 아닌 데도 아내는 그런 내 마음은 모르는지 늘 자기를 무시한다 하고 내 맘대로만 한다고 한다. 그럼에도 여전히 싹싹하게 말 한마디 해지지 않는다. 남에게는 그러지 않으면서 왜 자기한테만 그러느냐고 하지만 그건 아내도 마찬가지다. 근래 들어 내게 해대는 아내는 전의 아내가 아니다. 나이가 들면 여성은 여성호르몬이 줄어들어 남성화되고 남성은 남성 호르몬이 줄어 여성화된다더니 그 말이 맞는 것 같다.

우리 부부는 짧은 여행을 가게 되어도 늘 의견이 맞지 않았다. 정확하고 사전 준비적인 나와 즉흥적인 아내와의 사이에서 의견이 부딪힐 때가 너무 많다. 그냥 남편 하자는 대로 하면 자기도 편할 텐데 그러지 못하는 아내나 그까짓 거 아내 하자는 대로 해 주면 될 텐데 그러지 못하는 나나 똑 같지만 그래도 남편 위신 좀 세워 주면 좋을 법한데 우리 집엔

남녀평등이 너무 강한 것 같다.

그러던 차에 마침 강의를 한 주 쉴 기회가 생겼다. 해서 아내의 시간을 물으니 자기도 조정하면 되겠다고 한다. 그렇게 남쪽으로 떠나보자고 합의를 봤다. 그런데 남쪽이라고 하고 보니 걸리는 게 있다. 바로 두 분 이모님이다. 맏이인 내 어머니 밑으로 외할머니는 딸만 둘을 더 두셨다. 내 나이 세 살 때 돌아가신 어머니에 대한 그리움을 나는 그 이모들에게서 많이 채우곤 했다. 그런 이모님인데 내가 이만큼 커버렸다고, 나도 손주까지 보아서 내 식구 살피기도 어렵다고 아주 자연스레 잊고 살 때가 많았다. 그러나 마음 한 편에선 늘 숙제 못 한 학생처럼 마음이 떫었다.

아내가 먼저 이모 이야기를 꺼내 준 것이 얼마나 고마운지 모른다. 아내는 얼마나 더 사실지도 모르고 살아계실 때 언제 또 찾아뵐 수 있을지 모르는데 우리 여행은 또 갈 수도 있을 테니 반가워하실 수 있을 때 찾아뵙고 오는 것이 좋겠다고 했다.

사실 내 마음엔 벌써부터 여행계획 속에 이모님을 넣어 놓았었지만, 아내의 말을 들으며 홀가분해진 마음으로 여행일정을 재점검했다. 두 분 이모님과 하룻밤씩을 자고 와야겠다는 생각이다. 먼저 광주에 계신 이모님께 전화를 드렸다. 주일

예배를 마치고 내려가면 저녁 식사 시간까진 갈 수 있을 것이다. 하지만 일로[목포]의 큰이모님께는 전화를 드릴 수 없었다. 이모 성격에 내가 그곳에 도착하는 시간까지 분초를 재며 기다릴 것이 빤하고 또 모처럼의 여행이라 일정이 어찌 변할지도 정확히 알 수 없는 상황이라 가게 되면 그 조금 전에 연락을 드려야겠다고 생각을 했다.

참으로 오랜만에 떠나는 장거리 여행이다. 서해안 고속도로를 달려 고창 장성을 지나 광주에 도착하니 이종동생 3형제 중 둘째가 저희 집으로 어머니를 모셔다 놓고 형제 가족들을 다 초청해 기다리고 있었다. 작은이모는 나를 보는 것보다 자식들 형제가 다 모여 한 자리서 식사를 하게 되었다고 그게 다 내 덕이라며 좋아하신다. 핏줄이란 이래서 좋은 것인가 보다. 이모는 가까이 살면서도 좀처럼 다 함께 모이기도 어려웠는데 이렇게 아들 셋의 가족 열둘이 다 모인 것이 너무나 좋은 것 같다. 그렇게 나를 포함 열다섯 식구가 푸짐한 식사를 했다. 그런 후 이모님 댁으로 가 이모님과 한 방에서 얘기를 나누다 늦게야 잠이 들었다.

이번 여행은 그렇게 시작되었다. 그러나 내 어릴 때 가장 정을 많이 준 막내 이모님을 작별하는 내 눈엔 어느새 눈물이 맺히고 있었다. 이모의 눈을 바라보니 이모의 눈에도 이슬

이 맺혀있다. “고맙다. 니가 이렇게 찾아준께 너를 볼 수 있제 안 그러면 너를 볼 수나 있겄냐.” 이모의 눈빛은 내 어머니의 눈빛이다.

그 이모님의 눈빛을 뒤로하고 큰이모님께로 가는 길에 화순 벌교 담양을 거쳐 내가 다니던 초등학교와 내가 살던 마을까지 들러 가기로 했다. 마침 학교가 파하는 시간이어서 아이들이 나왔다. 전교생이 600명이 넘던 학교는 그사이 분교가 되어 있었고 그나마 학생이 없어 아이들 말로는 내년이면 폐교가 된단다. 너른 운동장이 쓸 데가 없었다. 전교생이 열여섯이란다. 졸업한 지 45년이니 그때의 것이 어디 있으랴만 그래도 안타까운 마음에 정성스레 지금의 모습이라도 카메라에 담았다.

고향 마을도 둘러보았다. 그러나 내가 태어났던 집은 개축을 하여 다른 사람이 살고 있었지만, 우리가 지어 살던 집 자리엔 공장이 들어서 있었고 외조부모님과 중학교 3년을 살았던 집은 원래의 밭으로 돌아가 있었다. 가슴 한쪽이 텅 빈 것 같았다. 세월 탓이 아니다. 그간 연고가 없다고 정을 끊고 살았던 결과다. 새삼 세월을 느끼게 한다.

큰이모님 댁으로 차를 몰았다. 전화를 드리니 이모님 댁인 일로에 계실 줄 알았는데 딸네가 사는 목포에 가 계신단다.

동생네도 함께 볼 수 있을 테니 어쩜 더 잘 된 일인지도 모르겠다. 길이 좋아 가는 데는 얼마 안 걸려 도착했다. 아마 이모님은 내 전화를 받자마자 저녁 준비를 시작하셨을 게다.

어머니가 안 계신 내게 이모님은 늘 특별한 존재였다. 이모님의 손은 여전히 따스하다. 안색도 아주 좋으시다. 날 대접하겠다고 준비하던 손길이련만 내 손을 놓을 줄 모르신다. 큰이모는 내가 아주 어렸을 때 그러니까 내 어머니가 돌아가시기 전에 출가하셨다. 그러니 나와는 함께 해 볼 시간도 없었다. 그런데도 큰이모에게서 어머니가 더 잘 느껴진다. 큰이모가 어머니를 더 많이 닮았을 것 같다. 저녁 먹는 내내 나를 쳐다보시는 이모님에게서 또 한 번 어머니를 느낀다. 큰아이와 작은아이의 결혼식 때 오셔서 천 명이 넘는 하객들을 보며 펑펑 눈물을 쏟으시던 이모님, 당신도 힘드셨을 세월 내내 조실부모한 나를 가슴 한쪽에 담으시고 당신 자식과 함께 자나 깨나 마음을 써 주시던 분이다. 그런데 어느새 팔순이시다. 사실 날이 많지 않으리라는 생각에 자꾸만 가슴이 메어온다.

큰 딸인 내 어머니는 스물아홉에 돌아가셨다. 큰이모도 외동딸의 나이 다섯 살 때 홀로 되셨다. 작은이모는 아들만 셋을 낳았는데 서른여덟에 홀로 되셨다. 큰이모부는 출근하려다가 갑자기 돌아가셨고, 작은이모부는 추석 전날 사무실에 놔두고 온 것이 있다며 가지러 나갔다가 사고로 돌아가셨다. 그러니 6·25전쟁 중에 돌아가신 내 아버지를 포함하여 사위 셋을 모두 잃은 외할머니의 심정은 어떠셨겠는가. 그러나 세월이 약이라고 그 슬픔과 아픔을 누르고 살다 보니 자녀들도 다 잘 되고 이렇게 건강하게 사시는 것이다. 이모들은 나를 보며 짠하다 하지만 그런 이모들의 삶을 생각하면 내 가슴이 더 먹먹해진다. 세상에 슬픔 아픔 없이 사는 사람이 있겠는가마는 참으로 기구한 삶이었다는 생각도 든다. 그래서일까. 서로 못 주어서 안타깝고 해 주지 못해서 애가 탄다.

행사 일정 때문에 급하게 작별을 하고 떠나오려는 내 손을 이모님은 좀처럼 놓질 못하신다. "언제 또 보겄냐?" 그 말씀 속에도 눈물이 가득하다. 나도 말없이 이모를 껴안는다. 그리고 이모의 눈빛 속에 나를 담근다. 포근하다. 따뜻하다. 편안하다. 이게 사랑이리라.

눈빛만으로도 나를 잠기게 할 수 있는 이모에게서 문득 오늘의 이만한 내가 있기까지 얼마나 많은 사랑의 눈빛이 나를 격려하고 위로해 주었을까 생각하게 된다. 그래 맞다. 눈빛이다. 내게 알게 모르게 주었던 나를 위한 사랑의 눈빛들이 있었기에 어린 날에 외롭게 살면서도 춥지 않았고 무섭지 않았다. 그 별빛 같은 눈빛들 속에 이모님이 큰 별로 계셨다. 오늘 그 별빛을 다시 확인한다. 그리고 나는 오늘 이모님의 눈빛 속에서 또 한 번 어머니의 눈빛을 본다.

재봉틀

아내가 미국을 다녀오는 길에 재봉틀을 사 왔다. 웬 재봉틀이냐고 했더니 한국보다 많이 싸기도 했지만, 며늘아기가 교회 아카데미에서 옷 리폼 수강을 하는 것을 보고 자기도 배우고 싶어졌다는 것이다. 30여 년의 직장 생활을 마감했으니 시간적 여유도 조금은 생길 것 같아 취미로 배워 손녀들 옷이라도 만들어주고 싶나 보다.

재봉틀이라고 하니 나도 모르게 마음이 싸아해진다. 그래서 가져온 재봉틀 포장을 바로 뜯어보니 미국은 우리와 전압 체계가 달라 그냥 사용할 수가 없게 되어 있다. 해서 아내가 외출한 다음 날 변압기를 사다 당장에라도 쓸 수 있도록 장치를 해 주었다. 한데 금방이라도 시작할 것처럼 하더니 재봉틀은 몇 날 며칠이 지나도 만져볼 생각조차 않는다. “아니 당장에 할 것처럼 하더니 해보기도 전에 싫증부터 난 건가?" 내 핀잔에도 아랑곳하지 않고 마냥 여유롭기만 하다.

어머니의 유품에 싱거 미싱이 있는데 광주에 사시는 막내 이모님이 보관하고 계신다. 육십 년도 넘은 물건이다. 지금도 사용할 수 있을지는 모르겠으나 이모님은 유일한 내 어머니의 물건이라고 혹여 내가 가져가겠다고 할지 모른다며 이날토록 보관하고 계시단다. 나도 마음이 있으면 그걸 가져오면 될 텐데 쓸 일이 없기도 했지만, 이모님 댁에 그렇게 있다는 것이 더 위안이 되고 안전하다는 생각도 들었다.

어머니는 베도 잘 짜셔서 인근에 소문이 났었지만, 손바느질도 잘하셨고 재봉질도 잘하셨다고 한다. 나는 전혀 그렇지 않은데 어머니는 손재주가 좋으셨던가 보다.

내가 어렸을 때만 해도 여성들이 갖고 싶은 목록 1위는 단연 '미싱'으로 불렸던 재봉틀이었다. 특히 뛰어난 품질을 자랑하던 '싱거 미싱'은 가히 여성들에게 선망의 대상이었다.

막내 이모는 내가 초등학교에 입학하던 해에 시집을 갔다. 이모 역시 싱거 미싱을 혼수로 가져가고 싶었을 테지만 형편은 그리할 수 없었을 것이다. 그러니 언니가 쓰던 것이어도 가져가고 싶었겠지만 완고하신 외할아버지께서 내 어머니가 쓰던 것을 이모가 가져가도록 허락하실 리도 만무다. 재봉틀은 의자를 놓고 앉아 발로 굴러 피대를 통해 동작이 되는 발 재봉틀이었다. 그걸 어머니가 돌아가시자 할머니가 가끔씩 쓰셨는데 나중엔 자리만 많이 차지하고 불편하다며 다리 부분을 없애고 앉아서 할 수 있게 개조를 했다. 그러나 그마저도 할머니의 눈이 어두워져 재봉틀 바늘에 실을 꿸 수가 없게 되자 구석으로 밀쳐놓게 되었고 그걸 이모가 가져갔던 것 같다.

들은 얘기로는 어머니의 성격이 여간 깐깐한 게 아녔나 보다. 해서 당신의 물건을 동생이라도 손을 댔다간 크게 혼이 났었던 것 같다. 그러나 시집 갈 나이의 처녀로 언니가 앉아 밟는 재봉틀에 얼마나 앉아보고 싶었겠는가. 그러나 바깥출입이 거의 없는 어머니였기에 이모가 재봉틀에 앉아볼 기회는 더욱 없었을 것이다.

나는 방학이면 가끔 이모 댁에 놀러갔다. 그러나 이모가 쓰던 그 재봉틀이 어머니가 쓰던 것이라는 생각도 하지 못했었고 사실 남자이고 보니 더욱 관심도 없었다. 그런데 어느 핸가 이모가 "이 재봉틀은 네 엄마가 쓰던 것인데 할머니가 안 쓰셔서 내가 가져다 쓴다만 이젠 자꾸 고장이 난다." 하셨다. 사람도 세월엔 장사가 없다는데 하물며 기계인데 오래 쓰면 고장 나기 마련 아닌가. 하지만 이모부의 손만 가면 또 얼마간은 멀쩡하게 잘 된다 했다.

그 이야기를 들어서일까. 재봉질하며 앉아있는 이모의 모습에서 얼핏 어머니의 모습을 본 것 같다. 그리고 재봉질에 몰두하고 있는 이모의 눈길에서 어머니의 눈도 본 것 같다. 틈만 나면 재봉틀에 앉기를 좋아하셨다는 어머니는 내 형의 산후조리에 실패해 불편해진 다리 때문에 재봉질을 할 수 있는 것이 그나마 큰 낙이었을지도 모른다. 더욱이 어머니는 무엇 하나 함부로 하는 게 없었다고 한다. 온 정신을 집중해서 했고 하는 것마다 누가 봐도 놀랄 만큼 마음에 들도록 해냈다고 한다.

재봉틀을 보자 이상하게 마음의 동요가 일고 서둘러 쓸 수 있도록 손을 봐 준 것도 어쩌면 이모님의 재봉질에서 어머니를 보았던 것처럼 아내가 재봉질하는 모습에서 옛 어머니의 모습을 보고 싶었던 것은 아닐까. 그러나 한 편 생각하니 이모님 댁에 있는 싱거 미싱을 가져올 길이 더욱 멀어진 것 같아 죄스럽기만 하다. 가져와 봐야 어머니의 유품이라는 것 외에 옛 물건이라는 장식용 임무나 더해질 텐데 이 새재봉틀로 인해 그 자리마저 쉽지 않을 것 같아 씁쓸해진다.

어느 해였던가. 할머니는 그 재봉틀로 모시 반바지를 만들어 주셨다. 지금 생각하면 시원하고 멋스럽기 이를 데 없는 것이련만 어린 내게는 그게 어찌나 창피하고 싫었던지 할머니께 입지 않겠다고 마구 떼를 썼었다.

사실 그 모시 베도 어머니의 유품이었을 게다. 할머니께선 한여름 시원하게 입히려는 뜻도 있으셨겠지만 제 어미가 짠 베로 제 어미가 쓰던 재봉틀로 만든 옷을 입혀보고 싶으셨을 것 같다. 그런데 난 그런 뜻을 모르고 남들은 사서 입는데 나만 만들어 입힌다고 투정만 냈다.

모시 바지가 시원하긴 해도 편한 건 아니었다. 특히 빳빳이 풀을 매겨 다림질한 것이라 살갗에 닿으면 쓰라리기도 했었다. 어른들이야 조심스럽게 입으니 시원할 수도 있겠지만, 아이들이라 얼마나 부산하게 뛰어노는 때인가. 한나절만 입어도 접힘 자국이 많이 생겨 더 입을 수 없게 되곤 했다. 거기다 흰색도 아니고 누런빛이 나는 그 색깔도 싫었다. 그걸 두 개나 만들어 번갈아 입게 하셨으니 어린 내 심정이 오죽했겠는가. 그해 여름은 모시 반바지로 인해 정말 길고도 힘들었다.

지난 것은 하나같이 그리움이 된다. 몇 해 전 여름 아내가 칠 부쯤 되는 모시 파자마를 하나 사 왔었다. 집에서 시원하게 입으라는 것이었다. 보니 모시 같기는 한데 화학섬유가 섞인 모양만 모시인 짝퉁이다. 그런데도 아내가 고마웠다. 그해 여름은 집에 오면 그걸 실내복으로 입었는데 조물조물 빨아

툭툭 털어 널면 금방 마르기도 하여 계절 내내 입었다. 그 또한 어린 날 할머니가 만들어 주셨던 모시 반바지에 대한 속죄와 그리움이 작용했었을 것 같다.

그런데 아내는 언제쯤 재봉틀을 사용할까. 아내는 재봉틀로 무얼 처음 만들어 낼까. 그러나 내겐 무엇을 만들건, 잘 만들건 못 만들건 그것보단 재봉틀 앞에 언제 아내가 앉을 것인가가 더 기다려진다. 앉아 있는 아내의 모습에서 실제로는 한 번도 본 적이 없는 재봉질하는 어머니의 모습을 그리고 그런 어머니의 눈길을 보고 싶은지도 모르겠다. 내 아이들은 내 눈을 많이 닮았다는데 내 눈도 어머니의 눈을 닮았을까. 그렇다면 시집간 딸아이의 눈에서 어머니의 눈길이나 모습을 찾는 게 더 쉬울 텐데 왜 아내에게서 일까.

아내의 새 재봉틀을 보는 내 마음 한 편에선 이모님 댁에 있는 어머니의 유품 그 재봉틀 앞에 아내가 앉아있는 모습을 더 보고 싶은 것이 솔직한 내 마음일 것 같다. 잘만 하면 외할머니, 어머니, 그리고 아내와 딸에 이제 손녀까지 보았으니 5대가 재봉틀 한 대로 이어질 수도 있지 않은가. 한 핏줄이니 어디에서도 내겐 어머니의 모습 어머니의 눈길이 느껴질 것 같은데 말이다.

사진 두 장이 주는 슬픔

아침신문을 보다가 두 장의 사진 앞에서 마음이 착잡해졌다. 2시에 열렸다는 꽉 찬 정권 실세의 출판기념회와 같은 시간대에 열리고 있는 텅 빈 국회 본회의장의 사진이다. 의자 하나도 더 들여놓을 수 없을 만큼 입추의 여지 없이 꽉 찬 출판기념회장에서 박수를 치고 있는 국회의원들 모습의 사진은 정치권력이 얼마나 힘이 있고 매력적인 것인지를 보여주기에 충분했다.

그런가 하면 국회 본회의 대정부 질문장엔 사람이 앉아있는 좌석을 찾아보기가 더 어려웠다. 출판회장보다 훨씬 더 넓은 회의장인데 30~40명도 채 안 되게 앉아있어서 회의가 진행되는 것인지를 알 수도 없다. 아무리 여당이라고 하지만 원내 수석 부대표라는 출판기념회장이 이럴진대 대표였다면 어떻게 될지 두려움마저도 인다.

그러면서 생각되는 것은 국회 본회의 대정부 질문보다 여당 국회의원의 출판기념회가 그들에겐 더 중요한가 하는 점이요, 또 하나는 최소한 책임 있는 정치인이라면 국회 본회의가 열리는 그 시간에 그것도 한 건물의 회의장 옆 국회도서관에서 그런 행사를 해야겠냐는 것이다. 여당의 수석 부대표라면 어떤 경우라도 회의장을 지켜야 하는 게 아닐까. 그 시간에 회의장 옆에서 그런 행사를 한다는 것은 국회 본회의를 보이콧하겠다는 의도로밖에 보이지 않으며 거기에 회의를 팽개치고 너도나도 그 자리에 가 앉아있는 국회의원들은 또 어느 나라 국회의원이란 말인가. 그들은 그렇게 회의에는 참석지도 않고 세비는 받을 것이며 그 돈으로 출판기념회에 두둑한 봉투를 낼 것이다. 그 수많은 국회의원들의 안중엔 결코 국민들은 하나도 없으며 자신의 지역구 선거권자들은 그렇게 하고도 자신에게 표를 줄 것이라는 이상한 믿음을 갖고 있는 것 같다.

선거철만 되면 애국은 혼자 다하고 이 나라에 자신만한 정직하고 성실한 정치인은 없다고 호언장담해 놓고 정작 선거만 끝나면 딴짓에 자신의 안일만 지키기에 여념이 없는 저들에게 언제까지 우리 대신 정치를 맡겨야 한단 말인가.

시골학교 동창회도 서로 날이 겹치게 행사를 하진 않는다. 한데 어떻게 국회 본회의 대정부 질문이 열리는 그 시간에 한 건물에서 개인 출판기념회를 하여 회의장으로 갈 국회의원을 불러갈 수 있는 것이며 또 그것이 당연한 것처럼 회의를 팽개치는 그들을 보고만 있어야 하는 국민의 심정은 어떤가. 그 시간에 수많은 관계된 공무원들은 꼼짝없이 그곳에 대기하고 있을 텐데 하염없이 주인을 기다리고 앉아있는 객처럼 되지 않았겠는가.

하지만 분명한 것은 국민은 바보도 아니고 봉도 아니라는 사실이다. 자신들의 일거수일투족이 국민들의 눈과 귀에 각인되고 있다는 사실을 잊고 있는 것이다. 그 한 표쯤이야 해서일까. 그러나 이제 그 한 표는 분명 그들을 그냥 놔두지 않는 한 표가 될 것이다. 해야 할 일을 하지 않고 딴짓만 하는 저들에게 국민의 이름으로 배임 책임을 분명하게 물어야 하지 않겠는가. 하기야 어찌 그것 한 가지뿐이랴.

간이역

하루가 다르게 여름이 짙어지고 있다. 저만치 앞서간 누구를 좇기라도 하듯 우리도 무언가에 끌려 앞으로 달려가고 있다. 비둘기호, 무궁화호, 새마을호를 거쳐 KTX라는 고속 열차를 타고서도 더 빨리 못 간다고 발을 구르고 있다. 무엇이 우리 마음을 이리 급하게 만드는 걸까?

웬만한 역은 다 지나치고 몇 개 역에만 잠시 멈췄다 가는 고속 열차, 그러나 삶은 그렇게 고속 질주만이 능사가 아니란 걸 우리는 잘 알고 있다. 오히려 간이역도 놓치지 않는 열차를 타면 더 여유로워지고 설혹 그 역에 설 수 없으면 잠깐 속도를 늦춰서라도 역인 것을 인정해 주고 간다.

스스로 여유를 만들지도 찾지도 못하고 살아가는 현대인에게 간이역은 커다란 쉼표가 되어 숨 고르기를 시킨다.

기차는 경적을 울리며 미래로 달려갑니다. 이별이 어찌 서러움이… 숨 쉬듯 따라가는 당신이여, 이 간이역에서 다시 그대와 만날 것을 오늘도 힘 있게 약속을 되뇌입니다. 간이역은 슬픈 눈물로 세워진 작은 도시입니다.

—박 목월의 시 <간이역>중에서

삶은 항상 낯설 수밖에 없는 미래인 법, 우리는 그렇게 생의 여행을 한다. 구도자처럼, 때로는 방랑객처럼 길을 가다가

우연히 마주친 간이역, 거기서 만남과 사랑과 추억을 만든다.

나는 간이역을 좋아한다. 간이역엔 삶의 진실과 처방이 있다. 분수껏 사는 모범이 있고, 어떻게 살아야 할지 방도를 깨닫게 한다. 때로 안타깝고 가슴이 아파오는 것은 마치 내 초라한 실체를 보는 것 같기 때문이다. 그러나 어느 날 간이역에 섰을 때는 가슴이 시리다. 아무도 눈여겨 봐주지 않고 지나쳐가는 기차를 보며 홀로 슬픔을 삭인다.

남은 간이역들도 하나둘 사라지고 있다. 현대인들에겐 간이역은 더 이상 필요 없는 존재 같다. 그러나 눈물과 회한, 고통과 슬픔, 절망이 있기에 삶도 그만큼 귀하고 아름다운 것인데 사람들은 그저 기쁨과 행복만을 바란다.

우리 삶에서 간이역은 향수처럼 쉼표로 품고 살아야 할 고향이다. 그대를 미래란 이름으로 기다리는 마음이다. 그래서 가슴속에 간이역 하나씩을 품고 사는 사람에겐 꿈도 희망도 메마르지 않는다.

말장구 맞장구

또 아내와 마찰이 생겼다. 요즘 여러 가지 서로 긴장된 상황으로 예민해 있던 차에 내가 던진 말이 거슬렸나 보다.

아내는 요즘 POP글씨를 배우고 있다. 예쁜 글씨로 좋은 글을 써놓고 보고 싶은데 그게 안 된다고 하더니 가까이 있는 문화센터에 등록을 했나 보다. 두 번인가 나갔는데 오늘은 선생님으로부터 칭찬을 들었다고 좋아한다. 내게 수업시간에 썼던 글씨를 보여주면서 집에서 예습하고 갔더니 훨씬 잘 되더라고 했다. 그러면서 교본대로 획 긋기 연습을 집중적으로 많이 했더니 손의 움직임도 부드러워지더라고 했다.

그 말끝에 내가 당연히 그렇지 않겠느냐고 했다. 붓글씨도 획 긋기부터 시작하지 않더냐고 말이다. 그런데 아내의 반응이 심상치 않다. 당신은 왜 남의 말엔 뭐든 이미 잘 알고 있는 것처럼 말을 하느냐는 것이다. 당신이 모르는 것은 도대체 뭐가 있느냐고 따졌다. 그러고 보니 아내가 화를 낼 만도 했다. 딴에는 처음 해 본 일인데 칭찬까지 들어 한껏 기분이 우쭐한 상태이니 그냥 맞장구만 쳐주면 될 일이었다. 그런데 예습도 하고 집중적인 연습도 했으니 그런 결과가 나온 것은 당연한 것 아니냐는 식으로 김 빼는 응대를 했으니 맥이 풀려 기분이 상해 버린 것이다.

그렇고 보니 나도 그런 경우를 심심찮게 경험했던 것 같다. 진지하게 내 아는 정보를 알려주려는 것인데 상대가 대수롭지 않게 받아들이거나 반응이 별로여서 나도 매우 기분이 나빴었다.

다른 사람에게 말을 하기는 쉬워도 남의 말을 들어주는 것은 어렵다고들 한다. 사실 듣는 것이 쉽고 하는 것이 어려울 텐데 그 어려운 일은 쉽게 생각하고 쉬워 보이는 일은 어려워한다. 정신과 의사의 최상의 진료방법은 그저 환자 말을 많이 들어주는 것이란다. 두 시간이고 세 시간이고 환자의 이야기를 들어주되 가끔씩 그래요, 그렇군요, 그래서요 하고 응대만 해주면 상대는 몇 시간이고 얘기한다는 것이다. 그런데 그렇게 혼자서 실컷 얘기를 해놓고는 선생님 때문에 다 나은 것 같다며 대단한 의사라고 한다는 것이다.

이해인 수녀의 시에 '잘 사랑한다는 것'이라는 시가 있었다.

오늘도 잘 들으라고 저를 초대하시는 주님
좀 더 잘 듣는 연습을 하겠다고
매일 새롭게 결심하지만
자주 실수하고 실천이 어려운 저에게
부디 잘 듣는 겸손함과 참을성을 주십시오
주님과 이웃을
자연과 사물을
자신이 따라야 할 마음의 소리를
예민하게 들으며 깨어 있는 사람
그래서 더욱 사랑을 넓혀가는
아름다운 사람이 되게 해주십시오.

—이해인 산문집《향기로 말을 거는 꽃처럼》
제4장 기도일기 중 197쪽

사람과의 관계를 잘 맺는 사람도 상대의 말을 잘 들어주는 사람이라고 한다. 말하자면 말장구와 맞장구를 잘하는 사람이란 말이다. 말장구는 상대가 하는 말에 대해 동조하거나 부추기는 말이고 맞장구는 '그래 맞아' 하며 덩달아 호응해 주거나 동의하는 것인데 적당히 말장구를 해 주고 필요에 따라 맞장구를 쳐주면 어떤 사람도 좋아한다는 것이다. 하지만 세상일에 어찌 그렇게 말장구 맞장구 쳐 줄 일만 있던가. 아니다 라고 목소리 높이고 그렇지 않다고 화를 내는 일도 많은 게 우리 사는 세상 아니던가.

사실 아내에게도 그랬다. 당연한 것일지라도 참 잘했다고, 정말 당신이니까 그만큼 해낸 거라고 부추겨주고, 칭찬까진 못 해주더라도 그랬느냐고 자연스레 맞장구만 쳐 주었더라도 아내는 더욱 기분이 좋았을 것이다.

돈도 안 들고 힘도 들지 않는 일인데도 뭐 그게 그리도 어렵다고 아니 해 주어서 모처럼 좋은 기분 망치게 했는가 생각하니 미안하고 부끄럽기도 하다.

이만큼 나이가 들었으면 좋은 일 나쁜 일에도 가볍게 반응하기보다는 한 박자씩 늦어지더라도 무게 있게 처신하는 것이 좋을 것 같다는 생각이 든다. 세상이 바뀔 만한 일이 어디 말장구 맞장구로 일어나겠는가. 그러니 웬만한 일에는 그러자고 그러라고 해 주는 것이 좋은 것도 같다. 참 말도 많고 탈도 많은 세상에서 지조 없어 보일 것도 같지만 그게 내게 평화이고 당신에게도 평화라면 굳이 꺼려 할 이유도 없잖은가.

오늘은 집에 들어가면 아내의 어떤 말에도 말장구와 맞장구를 쳐주어야겠다. 그러면 아내의 입이 함박만큼 벌어질 것 아닌가. 요즘같이 맥없이 사는 나에게 어찌 아는가 아내의 기분이 최고로 좋아진다면 내가 기대하지도 않았던 좋은 일이 마구 쏟아질지도 모를 일이 아닌가. 부부간에도 때론 이런 인위적 이벤트가 필요할 수도 있겠다. 그게 사는 맛을 나게 해주고 가정의 평화를 만들며 부부간 사랑의 힘도 불러일으켜 줄게다.

"오늘 반찬 맛은 왜 이리 좋지?" "당신 생각이 정말 옳아!" 나도 이제 이런 연습을 더욱 부지런히 해야겠다. 어쩌면 이 나이에 아내에게뿐 아니라 어디서건 내가 미움받지 않고 살아갈 수 있는 유일한 생존법이 되지 않을까.

그래도 그때가 그리운 것은

찻집 문을 여니 무릎을 꿇고 머리 위로 두 손을 든 세 아이의 부조가 나를 맞는다. 벌을 서고 있나 보다. 그럼에도 얼굴엔 장난기가 가득한 모습에 순간 반갑다는 생각이 들면서 나도 몰래 입가에 미소가 어린다. 참 오랜만에 만나는 모습이다.

요즘은 벌罰을 선다는 말이 금지된 말처럼 되어버렸지만 내가 학교에 다닐 때만 해도 가장 흔하면서 생동감이 넘치는 말이 아니었나 싶다. 잠시도 가만히 있질 못하던 초등학교 중학교 고등학교 12년간은 어쩌면 수없는 벌서기의 나날이었다. 내가 꼭 뭘 잘못해서 받는 벌이기보다 거의 생활 같은 것으로 그곳에 내가 있었다는 것만으로도 벌을 서야 했고 그건 거의 일상이었다. 시끄럽게 떠들었다고 전체 기합을 받고 청소상태가 좋지 않다고 단체로 벌을 서고, 지각이 많다고 모두 벌을 섰다. 성적이 옆 반보다 못하다고 벌을 섰고 공납금 납부 성적이 다른 반에 떨어진다고도 벌을 섰다. 벌의 종류도 다양했다. 혼자나 둘이 잘못하면 선생님과 학생들이 오가는 복도에 꿇어앉아 손을 들고 있게 하거나 더러는 수업시간에 몰래 보다 걸린 책이나 물건을 잘 보이도록 손에 들고 벌을 서기도 했다.

마주 보고 서서 상대의 코를 서로의 손으로 붙들고 있게 하거나 심지어 서로의 뺨을 때리게도 했다. 한쪽 발을 들고 거기에 물동이를 걸고 서있게도 했고 책가방으로 그렇게 하기도 했다. 당시는 그야말로 벌서기의 경연장처럼 벌서는 모습도 계속 개발되고 그래서 갈수록 다양해졌다. 요즘 같으면 세상이 발칵 뒤집힐 일이고 인권유린이니 폭행이니 하며 매스컴까지 뒤흔들 일이지만 그땐 그게 아무렇지도 않았다.

단체로는 책상 위에 올라가 의자를 머리 위로 들고 서 있거나 책가방을 위로 들고 서 있기도 했다. 교실 벽에 다리를 걸치고 이마를 바닥에 댄 체 허리에 손을 뒷짐 자세로 있게도 했고, 일렬로 순서를 기다리며 회초리로 맞기도 했다. 의자 하나를 둘이 같이 들고 있게도 했고, 운동장으로 나가 30번 50번 100번씩 쪼그려 뛰기를 하게도 했으며 그런 쪼그려

뛰기 자세로 운동장을 돌게도 했고 그냥 운동장을 열 바퀴 스무 바퀴씩 돌기도 했다. 지각해서 출석부로 머리를 얻어맞으며 혼이 나기도 했고 가슴을 훈육봉[막대기]으로 찔리며 혼이 나기도 했다. 참으로 지금 생각하면 아니 지금의 아이들이나 학부모들이 듣거나 본다면 까무러칠 일이요 가히 인간학대가 될 일이다.

그런데 문제는 그 시절을 겪어온 우리 세대는 지금에도 오히려 그때가 그립다는 것이다. 그것들은 지극히 당연했고 오히려 추억거리로 자랑스럽게 이야기가 되는가 하면 선생님이시니까 그러는 건 지극히 정당하다고 생각했다. 선생님이니까 당연히 그럴 수 있다고 생각했다. 학생이 잘못 했기에 그걸 바로잡기 위해 선생님이 사랑의 체벌을 한 것이라고 그렇게 인정이 되었다. 조금 지나친 것도 있어 억울하고 분하다는 생각도 했으나 그날만 지나면 까맣게 잊어버렸고 아무렇지도 않은 선생님과 학생이었다. 오히려 심하다 싶게 엄했던 선생님이 그리워진다는 친구도 있다. 만일에 그때 그 선생님이 그렇게 무섭게 하지 않았으면 삐뚜로 길을 갔을 거라며 고마워한다.

사실 그때의 그런 벌서기는 지금 생각하면 가혹행위라기보다는 체력단련이었다. 대개의 모든 벌서기가 고통을 동반하는 것이긴 했지만, 결과적으로는 인내심을 기르고 체력을 키우는 일로 이어졌던 것 같다.

내가 개인적으로 벌을 서 본 것은 별로 없다. 중학교와 고등학교 다닐 때 공납금을 제때에 못내 벌을 섰던 경우가 두세 번 있었고 단체로 벌을 서는 것은 피할 수 없는 일이었고 내가 무언가를 잘못 해 벌을 선 기억은 나지 않는다.

기억에 남는 벌서기가 하나 있다. 중학생 때인데 수학 여행비를 내려고 가져온 친구가 그 돈을 잃어버렸다. 종례가 끝나지 못하고 밤이 이슥하도록 집에도 못 가고 벌을 섰다.

친구의 돈을 훔친다는 것은 사람으로서 할 일이 아니라며 그런 너희를 가르칠 수 없다는 선생님의 훈시가 계속되고 가만히 다시 가져다 놓으라며 몇 번씩이나 그럴 기회를 만들었다. 또 그런 돈을 오자마자 바로 선생님께 내지 않고 간수를 잘 못 해 친구의 마음을 어둡게 만든 죄도 크다며 그도 많이 혼이 났다. 다음 날 아침까지 선생님 책상 서랍에 넣어두는 거로 하자고 끝나긴 했지만 참으로 안타깝고 화가 나고 힘들고 지루한 시간이었다. 다음 날 아침 선생님의 책상 서랍엔 그 돈이 넣어졌다. 우린 하지 않아도 될 고생을 했다고 투덜댔다. 그러나 그것은 돌아올 기미가 없자 담임선생님이 당신 월급을 가불하여 책상에 넣어두는 것으로 이를 마무리 하셨으며 상당한 시간이 지난 후 그걸 가져갔던 친구가 어머니 약값 때문에 그랬었다고 자수를 했다는 얘기가 돌았다.

요즘은 체벌이란 말만 나와도 과민반응들을 한다. 심지어 부모가 자식에게 하는 체벌조차 학대라고 신고가 되는 세상이다. 그러나 40년, 50년이 넘은 지금 나는 왜 그때가 그리운 것일까. 그때의 선생님이 전혀 밉지 않은 것일까. 그땐 선생님에 대한 절대적 신뢰가 있었다. 선생님은 잘못된 길로 인도하는 분이 아니라는 확신이 있었다. 그럴 형편이 되는 사람도 없었지만, 학부모로부터 촌지를 받거나 잘 봐달라는 청탁도 통하지 않는 게 선생님이라는 믿음도 있었다. 그래서 교육이라는 이름으로 매를 드는 것도 당당했고 맞는 우리는 맞을 짓을 했다고 인정했다.

벌 받고 있는 아이들을 보며 마음이 따뜻해지는 것을 느낀다. 거기 선생님 한 분이 내 앞에 선다. 가정 사정상 중학교에 가는 걸 포기하겠다고 했을 때 시험이라도 보라던 선생님, 얼러도 보며 설득을 해 보았지만 안 되자 너무 쉽게 포기한다고 매를 들던 선생님, 나는 지금도 그 선생님의 매가 그립다. 내 다리에 피멍이 들도록 내리쳐지던 회초리, 그때 난 울지도 않았던 것 같다.

옳은 길보다 쉬운 길로, 바른길보다 빠른 길을 택해버리는 오늘의 나를 본다면 선생님은 이 나이가 되었음에도 필시 매를 드실 거다. 그때로 돌아가 다시 한 번 선생님 앞에서 종아리를 걷어 올리고 회초리를 맞고 싶다. '너는 내가 바라던 네가 아냐.' 쳐다보지도 못하고 슬픈 눈으로 매만 내리치실 것 같다.

벌 서는 세 아이의 머리를 쓰다듬어 본다. 반세기의 세월이 눈앞에서 한 바퀴 휘돌아나가는 것 같다. 그때가 그리운 것은 그래도 그땐 서로에 대한 온전한 믿음이 있었기 때문일 것 같다. 내가 이렇게 잡아주면 분명 제대로 될 거라는 선생님의 믿음과 나를 사람으로 만들기 위해 저러시는 것이라는 믿음, 그때의 선생님들이 그립다. 벌을 서던 그때로 다시 돌아가고 싶다.

어떤 평화 마을의 총소리

—노근리

5월의 마지막 토요일은 봄이 아니라 한여름이었다. 30도의 불볕더위가 청정마을이라 더욱 뜨겁게 느껴진 것일까.

노근리, 참 많이 들어본 지명이다. 그런데도 아주 멀리만 있던 이름이기도 하다. 뉴스에서 그토록 뜨겁게 보도가 되었어도 나와는 크게 관계가 없는 곳처럼 생각되었기 때문이다. 그런데 그곳엘 가게 되었다. 그리고 그가 내 가슴으로 안겨왔다. 아니 그를 내 가슴에 품게 되었다.

노근리는 산들이 마을을 둘러싸 아늑함이 느껴지는 곳이었다. 원래 노근은 '사슴이 숨어있는 마을'인 녹은鹿隱이었는데 일제강점기에 부르기가 어렵다 하여 노근老斤이 되었다 한다. 또 다른 이름으로는 이 마을에서 맨 처음 목화를 재배했다 하여 목화실, 목화곡으로도 불렸다 한다.

사슴이 숨어있을 만큼 평화롭고 조용한 마을, 목화나 재배하고 살았던 순박하기 이를 데 없는 사람들이 살던 이런 곳에서 어떻게 평화가 깨지고 무수한 생명이 주검으로 변하게 되었을까.

북한이 6·25남침을 일으킨 지 딱 한 달이 되던 1950년 7월 25일 지프를 탄 2명의 미군과 한국 경찰관 한 명이 영동군 영동읍 임계리와 주곡리 주민들에게 급히 짐을 꾸리라고 했단다. 인민군이 밀려오고 있으니 대구와 부산으로 피신을 시켜 주겠다고 했다. 500여 주민은 그 말만 믿고 경부 국도를 따라 도보로 피난길에 나섰단다. 그런데 그날 밤 하기리 근처에서 강제로 숙영을 시키더니 그들이 사라져 버렸단다. 할 수 없이 다음날 주민들만의 피난길에 올랐는데 노근리 철길을 지나는 정오 때 갑자기 미군이 다시 나타나 행렬을 막더니 어디론가 무전을 하더란다. 그리고 그들이 또 서둘러 사라졌는데 그때 미군 전투기가 날아와 하늘에서 기관총을 쏴댔고 피하려는 그들을 길 양쪽에 숨어있던 미군들이 총을 쏴대 수많은 사람들이 총에 맞아 쓰러졌단다. 도망치던 사람들은 철도 밑 굴다리로 피신했는데 그 굴다리 양쪽에서도 기총 소사를 해댔다고 한다. 까닭도 모르고 사람들이 죽어갔다.

그로부터 50년이 지난 2001년에야 노근리 사건이 언론에

보도되어 세상에 알려졌고 그 후 수많은 사람들의 노력으로 평화기념관과 평화공원도 조성되었으며, 평화상도 시상하게 되었단다. 하지만 한 생명이 천하보다도 귀중하다고 했는데 수많은 생명을 그렇게 무차별 사살하던 그들을 역사라고 어찌 입을 다물 수 있으랴.

7월 26일부터 29일까지 나흘 동안 그런 와중의 터널 속에서는 새 생명이 태어나기도 했다는데 총탄만은 피할 수 없어 숨졌다고 한다. 무슨 이유인지 아무것도 모른 채 죽어간 저들의 억울함과 분노를 누가 갚아줄 수 있을까.

노근리평화기념관이란 명패가 붙은 건물은 겉모양부터 특별했다. 얼른 보면 녹슨 컨테이너 같으면서 붉은색 쇠붙이를 조각조각 붙인 것처럼 보이는데 이는 아픈 기억의 조각들을 상징한다고 한다. 2층으로 된 기념관 안에는 아픔이 서린 기억의 조각, 희생자 그리고 살아남은 사람들, 기억의 고리가 세상에 알려지다, 평화 네트워크, 디지털 아카이브로 등 주제별로 구성된 영상과 기록들이 그날의 아픔과 슬픔과 절망을 말해 주고 있었다.

미 공군기의 무차별적 기총 소사에 허망하게 죽어간 무고한 양민 희생자들의 명예회복을 위해 50여 년 동안 끈질기게 규명활동을 하여 이뤄낸 결과의 노근리평화공원은 다시는 그런 억울한 아픔이 없어야 한다면서 과거의 아픈 상처를 딛고 이제는 평화의 소중함을 일깨워주는 장소로 새롭게 태어났다.

쌍굴다리가 궁금했다. 기념관에서 나와 쌍굴다리로 향하는 길목에 조각공원과 위령탑이 있었다. 위령탑은 평화와 화합과 추모의 비로 세워져 있는데 특히 부조로 재현된 당시 피난민들이 쌍굴을 통과하여 이동하는 모습은 잠시 후에 일어난 일들을 아는 우리로선 더욱 가슴을 아리게 하는 모습이었다. 교감의 문, 추모의 상이 함께 위령탑을 이루고 있었다.

역사의 눈동자 같은 두 개의 굴, 경부선 철도 밑 쌍굴다리 노근터널은 반세기가 지난 지금에도 터널 벽면에 남아있는 기관총 난사자국을 상흔으로 말없이 우릴 맞아 주었다. 차 한 대씩만 지날 수 있을 굴다리, 조금 전에 기념관에서 보았던 영상들이 굴다리에 겹쳐져 떠오르며 그때의 참상이 눈에 보이듯 느껴져 온몸이 떨렸다. 굴다리 입구는 잡초와 야생화들로 무성했다. 어쩌면 그날도 이랬을지 모른다. 계절적으로 보면 지금보다 한 달 후쯤이니 더 무성했을 수 있다. 그때의 풀뿌리와 풀씨들이 생명으로 이어지며 싹을 틔워 오늘에 이르렀을 수 있다. 그렇다면 그날의 참상을 저들도 어쩜 알고 있을지도 모른다. 진실의 씨앗은 풀씨나 풀뿌리보다도 생명력이 더 강한 법이다. 그러나 억울하게 죽어간 목숨들, 일가족이

몰살당한 가족도 여럿이라는데 그 억울함도 원통함도 후련히 풀어지지 못한 채로 있는 정리되지 못한 역사의 아쉬움이 가슴을 내내 답답하게 만든다.

영화로도 소설로도 그 날의 처참했던 광경들이 전해졌다지만 피해자는 있는데 가해자가 없다는 이 어처구니없는 사실은 또 어떻게 받아들여야 하는가.

실로 1950년 7월 26일부터 29일까지 나흘 동안에 500여 명이 겪었던 공포와 참담하고 황당한 절망과 고통과 슬픔은 약소국의 비애로만 돌리기엔 너무나도 억울하고 분통 터지는 일이다.

봄이 되면 언 땅을 뚫고 새싹이 돋아나듯 지나간 역사 또한 시간이 흐르면 진실의 싹으로 밀고 올라온다. 진실은 생명이다. 아무리 깊이 묻혔다 해도 죽지 않았다면 싹은 터 오른다. 쌍굴다리에 퍼부어지던 그 날의 탄환들도 콘크리트 벽에 박히거나 상처로 남아 진실을 말해 주고 있지 않은가.

노근리의 로마자 표기는 'NOGUNRI'다. 총이 없는 마을이란 뜻이다. 맞는 말이다. 그곳 사람들은 총이 필요 없는 사람들이니 총도 있을 수 없다. 그러나 그런 마을 사람들이 총에 모두 죽었다. 그런데 일가족 전부 등 300명이나 죽임을 당했던 그들이 모두 다시 살아나 그날의 참상을 노근리를 통해 말하고 있었다. 한 알의 밀이 땅에 떨어져 썩지 아니하고는 많은 결실을 볼 수 없다는 성서의 말씀처럼 허망하게 죽어간 것처럼 보였던 그들은 다시는 이런 비극이 없어야 한다는 평화의 씨앗으로 또 다른 생명으로 태어나고 있었다. 여름보다 뜨거운 마지막 봄의 한 날에.

사막에서 피운 꽃

LA국제공항에 발을 내렸다. 인산인해를 이룬 사람들의 물결, 무려 세 시간여를 기다려서야 입국 절차를 마치고 나가니 K회장이 먼저 나를 발견하곤 달려온다. 그 많은 사람들 속에서 나를 기다려 주고 12시간을 날아간 곳에 내가 아는 사람이 있다는 것이 신기하기만 하다.

제24회 해변문학제가 열리는 캘리포니아 남단 벤추라 해변은 햇빛도 강하지 않은 데다 바람까지 불어 짐짓 차가움을 느낄 만했다. 각지에서 세 시간에서 네 시간을 프리웨이를 달려왔다는 문인들이 오랜만의 만남과 정겨움을 진한 포옹으로 나누는가 하면 기념사진을 찍느라 바빴다.

행사는 9시 30분에 시작이 되었다. 한국에서 강사로 초청된 문정희 시인과 나를 중심으로 먼저 장르별 문학 토론이 열렸다. 야자수 그늘 밑에서 펼치는 문학이야기는 운치도 있고 의미도 있었다. 바비큐 파티로 점심 식사를 마친 후 셰러턴 호텔로 이동하여 본격 문학제의 문학강연이 열렸다. 라디오서울이 생방송으로 중계하는 가운데 시낭송과 합창과 인터뷰가 진행되고 문정희 시인은 <문학의 도끼로 삶을 깨워라>, 나는 <소셜 커뮤니티 시대의 수필쓰기>란 제목으로 강연을 했다.

30년 이상을 이국땅에서 삶과 문학을 함께해온 사람들이며 더러는 새롭게 문학의 길에 들어선 이들이었다. 모국을 떠나 살면서 낯선 타국에서 모국어를 지키며 문학을 하는 사람들, 그들의 아픔과 슬픔이 전해져와 마음이 착잡해졌다. 내 나라에서 내 말과 글로 아무런 불편 없이 살던 내가 저들에게 무것을, 얼마나 절실하고 깊이 있는 문학을 이야기할 수 있겠는가 자신을 돌아보기도 했다.

사람마다 열정과 갈증이 있기 마련이다. 그러나 저들은 갈증도 잠재울 수밖에 없는 것이 현실이었다. 우선 먹고 사는 게 급했고 가족을 돌봐야 하는 현실 앞에선 열정도 목마름도 후순위일 수밖에 없었다. 그럼에도 끝내 버릴 수 없었던 바람과 미련으로 잠재되어 있던 열정과 갈증을 끌어낸 그들이었다. 백일장 시상, 오랜만의 김치찌개 파티 등으로 그렇게 첫날의 행사가 막을 내렸다. 다음은 2박 3일로 펼쳐지는 문학캠프였다.

쉬지 않고 시에라 네바다 산맥을 일곱 시간이나 달려간 곳에서 다시 피우는 문학의 꽃이다. 모하비 사막을 건너 350마일을 지나야 만나는 곳, 한여름을 달리며 만년설을 즐기는 맛은 유달랐다. 사막이라는 인식은 아무것도 없다는 것, 아무것도 살 수 없다는 곳이었는데 사막엔 작은 꽃들이 피어 있었고 나름의 생명력을 갖춘 식물들이 독특한 생명 법으로 살아가기를 하고 있었다. 그렇고 보면 사람이나 식물도 살아남기 위한 방법, 살아가기 위한 방법은 같을 수밖에 없는 것 아닌가. 지금 문학이란 이름으로 달려가고 있는 저들 또한 이민이란 사막과 같은 삶 터에서 살아남기를 감행하여 성공한 사람들이며 그들의 삶 속에서 이뤄낸 문학은 사막에서 피워낸 참으로 장하고 아름다운 꽃이 아닌가. 슬픔과 아픔과 절망까지 거름으로 하여 척박한 땅에 뿌리를 내리고 싹을 틔우고 잎을 내며 자라 피워낸 거룩할 만큼 아름다운 꽃들이다.

차창으로 스쳐 가는 풍경들을 보면서도 내내 그 생각을 버릴 수 없었다. 저들에게 문학은 뭣이었을까. 먹고 사는 것 이상으로 느껴지던 갈증, 그 갈증을 참고 견뎌낸 그들에게 주어진 삶의 반직선, 그들은 비로소 삶의 맛을, 살아있음의 감격과 감사를 가슴에서 넘쳐나는 표현으로 나누게 된 것이다. 그들의 메마른 가슴에서 이만한 물줄이 터지고 생명의 꽃이 피기까지 그 아픔과 슬픔은 오죽했겠으며 비로소 일손을 놓고 펜을 잡은 그들의 손은 또 얼마나 떨렸으랴. 그런 그들이 피워낸 꽃의 아름다움은 어느 꽃에서보다 더 진하고 더 멀리 가는 향기일 것이다.

이윽고 도착한 캘리포니아 북단의 맘모스 레이크Mammoth Lake엔 한국에선 맛볼 수 없는 맑은 공기가 나를 기다리고 있었다. 숙소에 여장을 풀고 차로 이동하여 곤돌라를 타고 산의 정상엘 올랐다. 휘트니스 마운틴을 마주하며 3천 미터가 넘는 맘모스 마운틴 정상엔 눈이 소복이 쌓여 있었다. 겉의 눈만 녹을 뿐 속의 눈은 녹을 수 없는 만년설을 발로 밟아보고 손으로 만져보며 이 눈들이 녹아 이루었다는 스물여덟 개나 된다는 거대한 호수를 생각했다. 이 위대한 자연의 힘 앞에 나는 얼마나 작고 초라한 존재인가. 그런데도 무엇이 어디가 그렇게 크다고 하는지 모르겠다.

첫날은 시의 캠프, 둘째 날은 수필의 캠프로 밤늦도록까지 이어진 문학의 열정은 오랜만에 맘껏 모국어의 아름다움을 논할 수 있는 자리이기도 했다. 삼 일째 되는 날 다시 되돌아가기를 했다. 가는 길에 모노 레잌과 요세미티 국립공원을 들러 가기로 했다. 보고 듣는 모든 것이 문학의 재료가 될 텐데 하나라도 더 보는 것이 좋지 않으냐는 선한 욕심들이 더욱 길고 바쁜 갈 길을 만들었다.

하나님께선 왜 미국에 이토록 큰 축복을 주신 걸까. 부럽고 부러웠다. 예측도 안 될 수많은 자원, 저 사막엔 또 얼마나 많은 양의 우리의 미래를 살게 할 자원들이 숨겨져 있을까. 그런가 하면 보이는 것만으로도 세계인들을 끌어모으는 천연의 아름다운 경관, 입을 다물 수 없게 만드는 크고 놀라운 창조주의 솜씨를 보면서 가난한 나라 가난한 백성으로 살아온 우리나라를 생각했다. 어디서건 어떤 형태로건 결코 신의 사랑을 입지 않고는 살아갈 수 없는 인간이 아닌가.

그렇고 보면 20년, 30년, 40년, 낯설고 물선 땅에서 거칠어진 손으로 살아왔던 저들 삶의 날들이야말로 광야요 사막이 아녔을까. 그 삶의 사막에서 피워 낸 오늘이란 삶이야말로 사막에서 피운 꽃이요, 거기에 다시 문학의 꿈을 펼쳐 낸 저들이니 한 나무에서 두 가지의 꽃을 피운 것이 아닌가.

돌아오는 길, 그러나 사막은 갈 때와는 전혀 다른 느낌으로 다가왔다. 눈에 보이는 모습은 한결 부드러워졌고, 펼쳐진 선들도 날카로움이 아니었다. 주관적인 생각으로만 사막을 바라보던 나의 눈에 비로소 삶의 동반자로 삶의 터전으로 그리고 더 많은 날의 삶을 살아야 할 미개척지로 그들이 다가왔기 때문이리라.

나는 오늘 사막에서 핀 두 종류의 꽃을 본다. 하나는 삶의 역경을 이겨낸 결과의 삶 터라는 꽃이요, 그 삶 터 위에 피워 낸 문학이란 꽃이다. 하나도 이루어내기 어려운 현실을 넘어 두 가지의 아름다운 꽃을 피워낸 저들의 용기와 지혜와 열정과 갈증이 사막에서 피운 꽃의 향기로 가슴 뭉클하게 몰려온다.